Louis Fréchette

Masques et fantômes

La ceinture de mon oncle

À Lévis, le long du fleuve, à environ une demi-lieue en amont de l'église Notre-Dame, au pied des hautes falaises couronnées de pins qui s'avancent en promontoires dénudés ou se creusent en anses pittoresquement ombreuses, côte à côte avec les rails du Grand-Tronc et de l'Intercolonial, et suivant les sinuosités de l'escarpement, s'allonge une route bordée de maisonnettes dont la double rangée se brise, par-ci par-là, pour faire place à quelques gracieux cottages et même à d'assez luxueuses villas, encadrées dans la verdure.

Sur une longueur d'à peu près un mille, cette route s'appelait autrefois les Chantiers.

J'ai passé là ma première jeunesse, ou plutôt mon enfance, car j'en suis parti à l'âge de dix ans – pour, hélas ! pérégriner un peu toute ma vie, à la recherche de la branche où la Providence me réservait de bâtir définitivement mon nid.

Au point où s'élevait notre demeure, à moitié dérobée sous le dôme ogival de grands ormes chevelus, le chemin bifurquait – chemin d'hiver et chemin d'été – pour aller se rejoindre un peu plus haut, laissant, à quelques centaines de mètres de chez nous, un espace intermédiaire où les grandes marées du printemps et de l'automne poussaient des amas de copeaux et de longs espars, pêle-mêle avec de vieilles souches, des débris de trains de bois et autres épaves, qui pourrissaient là sous la pluie, la neige et le soleil.

Tout vis-à-vis, le rocher abrupt – le Cap, comme nous l'appelions – se déboisait et montait à pic, menaçant et nu, jusqu'à sa cime, où, parmi les broussailles, des troncs secs et rabougris surplombaient dans le vide.

Ce lieu était tragique.

Le souvenir d'une catastrophe s'y rattachait.

Un jour d'hiver, pendant que sa mère était allée quérir un seau d'eau à la fontaine voisine, un enfant de deux ans y avait été enseveli sous les décombres d'une maison écrasée par une avalanche.

La maison avait été rebâtie ailleurs, mais l'emplacement, où des restes de construction se voyaient encore, avait gardé mauvaise réputation.

Ceux qui passaient là, le soir, faisaient un détour, ou tout au moins ne pouvaient s'empêcher de hâter singulièrement le pas.

Dame, il y avait de quoi.

Quand la nuit était bien opaque, on voyait là, disait-on, une chose extraordinaire.

Un petit cercueil d'enfant, avec un cierge allumé, qui apparaissait tout à coup, et s'évanouissait de même.

Le curé, à qui l'on avait rapporté le fait, s'était mis à rire. Mon père aussi. Mais nombre de personnes, qui paraissaient sincères et qui passaient pour dignes de foi, affirmaient la chose avec tant de persistance que cela me donnait à songer.

On avait beau les traiter de fous et d'illuminés ; on avait beau se moquer de leurs « imaginations chimériques », ma propre imagination aidant, je n'étais pas sans avoir mes doutes, et sans me promettre à part moi d'être un jour – ou plutôt une nuit – assez hardi pour les éclaircir. L'occasion s'en présenta bientôt.

Ce fut un oncle à moi qui me la fournit toute faite, et je m'empressai de la saisir aux cheveux.

Cet oncle était un brave garçon de dix-huit à dix-neuf ans, qui achevait ses études au petit séminaire de Québec, et qui grâce à sa bonne nature, à son caractère jovial, à son talent pour la musique et la chansonnette, jouissait dans ma famille d'une popularité aussi générale que bien méritée.

À mes yeux surtout, l'oncle Fortunat était un de ces êtres supérieurs et exceptionnels devant qui l'humanité tout entière n'avait qu'à s'incliner.

Tête bouclée, beau, fort, habile à tous les jeux, dessinant un chien, une vache ou un cheval en deux coups de crayon, flûtiste sans pareil, savant – oh savant ! il parlait latin et pouvait dire combien de jours contenait chaque mois de l'année, rien qu'à se tâter les joints – il était pour moi une espèce de dieu sur un signe de qui j'aurais mangé du fer rouge ou enfoncé ma tête dans la gueule d'un tigre.

En outre, son uniforme de collégien me jetait dans l'extase.

La redingote bleue à nervures blanches – le *capot,* comme cela s'appelle dans les collèges – était pour moi un sujet d'admiration sans borne ; et je ne touchais qu'avec respect à la longue frange soyeuse qui flottait au nœud de son ceinturon vert.

Ce ceinturon vert, plus que tout le reste, m'éblouissait. De temps en temps, l'oncle venait passer un jour de congé auprès de sa sœur – qui était ma mère.

Ce jour de congé représentait pour moi l'idéal du bonheur.

J'aurais eu les cent yeux d'Argus, que je n'en aurais pas eu assez pour contempler ce personnage incomparable dont j'avais l'honneur d'être le neveu.

Or, dans la circonstance dont il s'agit – par quel hasard, je n'en sais rien ; c'était peut-être pendant les vacances – la visite, à ma grande délectation, avait duré toute une semaine.

Jugez de mon ravissement.

Un soir, nous étions tous autour de la table de la salle à manger, où, le couvert enlevé, l'oncle exécutait, avec un paquet de cartes à jouer, des tours de passe-passe qui n'étaient pas loin de lui faire une réputation de véritable sorcier, lorsque Pierre, le cocher, entra dans la pièce comme une trombe.

– Monsieur ! monsieur ! s'écria-t-il en s'adressant à mon père ; monsieur ! je l'ai vu comme je vous vois !... Oui, le cercueil !... avec le cierge !... Là-bas, oui ; sur l'emplacement de la vieille maison... Monsieur, ne riez pas ; non !... avec une grande femme blanche à genoux... Mon Dieu ! mon Dieu !

Et le pauvre diable était là, tremblant comme une feuille, à bout d'haleine, une pâleur mortelle sur la figure, marchant autour de la table en répétant sur un ton et avec un air de sincérité dont je me souviens encore :

– Je l'ai vu ! je l'ai vu !... Allez-y, et vous le verrez vous-même !

– Pierre, dit mon père, d'où veniez-vous quand vous avez vu cela ?

– De chez M. Nolet.

– Vous y avez bu un coup de trop ; allez vous coucher !

Nous éclatâmes de rire, naturellement.

Pierre se retira en balbutiant :

– J'ai hâte que mon mois soit fini ; c'est pas de sitôt qu'on me reprendra à m'engager dans des cantons pareils !

Il serait oiseux de rapporter ici les réflexions plus ou moins ironiques que fit naître ce burlesque incident, et dont le pauvre Pierre – qui, à dire le vrai, n'avait pas inventé la poudre – fut la victime.

Disons tout de suite que, deux heures après, je dormais comme tous les gosses de cet âge, les poings fermés, lorsque quelque chose légèrement appuyé sur mon épaule me fit asseoir sur mon lit.

Mon oncle était devant moi, une bougie à la main et un doigt sur la bouche.

– Louis, me dit-il tout bas, veux-tu venir avec moi ?

– Oui, répondis-je sans hésiter et en me frottant les yeux, où ça ?

– Voir ce cercueil !

Le mot me fit passer un frisson dans le dos ; mais, je l'ai dit, cette histoire m'intriguait et je désirais depuis longtemps en avoir le cœur net.

Je l'ai donné à entendre aussi, avec mon oncle je ne discutais pas.

En deux secondes, je fus habillé et prêt à le suivre.

Nous ouvrîmes une fenêtre avec toutes les précautions voulues ; et, nous aidant des pieds et des mains, nous nous échappâmes par la toiture d'un appentis adossé à la cuisine, sans trop nous préoccuper de savoir si nous pourrions revenir par le même chemin.

Au pied de ces hautes falaises boisées, la nuit est toujours épaisse ; mais le firmament s'éclairait de nombreuses étoiles ; et le Saint-Laurent était là, à notre droite, qui nous envoyait ses miroitements et ses réverbérescences vagues.

Sans y voir très clair, nous pouvions assez facilement distinguer les objets et nous orienter sans peine.

Un calme intense pesait partout.

Pas une brise ne bruissait dans la cime des arbres ; pas un souffle jaseur ne se faufilait dans l'enchevêtrement des ramilles.

Nous entendions même le chuchotement du fleuve, dont le courant se brisait à l'angle des quais et sur les chaînes des estacades, avec de petits glouglous monotones très doux et très lointains.

Mon oncle était en tenue, soigneusement ceinturé ; et, à la lueur de la bougie que nous avions eu le soin d'éteindre avant de franchir la fenêtre, j'avais pu voir sa belle tête rayonner d'audace et toute sa personne respirer cet air de crânerie imposante qui – on le dit du moins – caractérise les chercheurs d'aventures.

– Conduis-moi, fit-il, en me prenant par la main, et n'aie pas peur !

Peur, quand mon oncle était là, allons donc ! J'aurais défié, à ses côtés, tous les diables de l'enfer et tous les spectres de la création.

– Marchons ! répondis-je.

En deux minutes nous fûmes sur les lieux, en face de l'emplacement qu'avait occupé la maison fatale, et où l'on voyait encore émerger de terre des restes de maçonnerie ayant fait partie des fondations.

Le premier coup d'œil nous cloua sur place.

Une sensation d'étranglement me saisit à la gorge ; un frisson glacial me courut jusque dans la racine des cheveux ; je lâchai la main de mon oncle qui se crispait sous la mienne, et, retenant un cri, je m'attachai désespérément à son ceinturon.

Nous avions devant les yeux quelque chose de terrifiant. Le petit cercueil était là, noir, entre une lueur bleuâtre qui paraissait être celle d'un cierge allumé, et la forme d'une grande femme grise à genoux et penchée dans l'attitude de la prière et de la désolation.

Un enfant de neuf ans pouvait frissonner à moins, convenons-en.

– Il ne faut pas avoir peur, Louis ! me répéta mon oncle.

Et, m'entraînant tout droit vers la fantastique apparition :

– Tu vas voir, ajouta-t-il, ce que c'est que les fantômes et les revenants !

Je m'étais laissé faire sans trop de résistance, tant ma confiance en lui était puissante.

– Tiens, me dit mon oncle en riant, regarde ça, petit fou !

Et il me mettait dans les mains un morceau de bois pourri qui jetait une blanche lueur dans l'ombre.

– Le voilà, le cierge !... Et puis, tiens encore ; le voilà, le cercueil !... Et la femme en prière, la voilà ! Es-tu satisfait ?

En même temps, il enfonçait son pied dans l'ouverture noire d'un soupirail, qui avait exactement les proportions d'une bière d'enfant, et qui trouait la muraille grise à quelque dix-huit pouces du sol ; puis, d'un geste brusque, il attirait à nous une vieille voile de canot qu'on avait accrochée au mur pour la faire sécher.

À mesure que je comprenais, mes nerfs se détendaient, naturellement.

Tout à coup, j'éclatai de rire : je venais d'oublier ma propre frayeur pour songer à celle de Pierre, dont la figure décomposée me revenait à l'esprit avec son expression de terreur comique.

– Maintenant, à la maison ! me dit mon oncle. Que cela te démontre une fois pour toutes qu'il ne faut jamais croire à ces blagues de revenants et d'apparitions.

Et, frayant sa route à travers les décombres, il ajouta en me serrant vigoureusement la main :

– Il ne faut jamais avoir peur, vois-tu ; jamais ! Il n'y a que les imbé...

Il s'arrêta : un bruit de pas venait de se faire entendre derrière nous.

Nous nous retournâmes.

Il n'y avait personne.

– As-tu entendu ? fit mon oncle.

– Oui.

– Des pas ?

– Oui.

– Bah, ce n'est rien, dit-il, en se remettant en route.

Mais il s'arrêta de nouveau.

Il n'y avait point à en douter, des pas s'emboîtaient derrière les nôtres.

Je ne songeais plus à Pierre, et je n'avais plus la moindre envie de rire de sa figure bouleversée.

Mon oncle se retourna comme la première fois.

Je l'imitai.

Sur mon âme, on voyait parfaitement à plus de vingt pas ; et – c'était renversant – il n'y avait rien, absolument rien.

Je sentis la main de mon oncle trembler légèrement sur la mienne.

Il reprit sa marche néanmoins – pendant que, derrière nous et tout près, l'effrayante chose invisible qui nous suivait reprenait, elle aussi, sa marche sautillante à travers les brindilles de copeaux et les feuilles sèches.

– Louis, me dit mon oncle, avec une émotion qu'il s'efforçait vainement de dissimuler, tu n'as pas peur ?

– Non.

– Il ne faut jamais avoir peur, tu sais ; jamais !

Instinctivement, toutefois, nous hâtâmes le pas.

Spectre ou non, ce qui nous suivait fit de même.

Alors, réellement affolées, nous prîmes notre course.

Horreur ! quelqu'un galopait sur nos talons.

Nous approchions de la maison heureusement ; mais, au moment où nous allions toucher la porte, un cri d'épouvante folle, un cri d'indicible angoisse retentit dans la nuit, et mon pauvre oncle s'affaissa comme une masse sur le seuil, m'entraînant avec lui dans sa chute.

Grand brouhaha dans la maison, comme on le pense bien.

Le cri avait éveillé mon père en sursaut. Il accourut, et stupéfait, nous releva tous deux plus morts que vifs.

– Vous êtes allés là, je parie... Et c'est donc vrai, mon Dieu ! balbutia-t-il, la pâleur aux lèvres, en voyant notre effarement.

– Où est-il ? s'écria mon oncle en revenant à lui.

– Qui ?

– L'homme... la chose... enfin ce qui nous poursuivait !

– Ce qui vous poursuivait... ?

– Oui, le spectre !

– Allons donc !

– Devant Dieu, fit mon oncle : je ne mens pas, et je n'ai pas rêvé. Demandez plutôt à Louis.

– Oui, affirmai-je, quelqu'un d'invisible nous a suivis, papa ; je suis prêt à le jurer sur l'Évangile.

– Vous êtes fous ?

– Fous ! s'écria mon oncle ; il m'a même touché, le spectre ; juste au moment où j'allais atteindre l'entrée. C'est à cet instant que j'ai crié. J'ai senti un bras qui m'entourait la hanche, comme ceci, tenez !

Et ayant joint le geste à la parole, il s'arrêta avec un mouvement d'ennui, intrigué.

– Bon, fit-il, autre chose ; voilà que j'ai perdu ma ceinture maintenant...

– Ta ceinture ? dit mon père ; ce doit être ce que j'ai cru voir serpenter, il y a un instant sur les marches du perron.

On ouvrit la porte ; la ceinture était là.

– Tenez, le voilà votre spectre ! fit mon père en riant.

Et il jeta à nos pieds une petite branche sèche adhérente à l'une des longues aiguillettes que j'admirais tant à la ceinture de mon oncle.

Une bribe de frange verte pendait aussi à l'un des boutons de la redingote à nervures blanches.

Tout s'expliquait.

En me cramponnant à mon oncle, lorsque j'avais aperçu ce que je croyais être une vision surnaturelle, j'avais involontairement et à mon insu dénoué sa ceinture, dont un bout était resté suspendu à la redingote, tandis que l'autre, traînant par terre, avait produit, pour nos imaginations surexcitées d'avance, les bruits de pas qui nous avaient tant effrayés.

Accrochée à cette branche sèche, la ceinture s'était tendue, et mon oncle avait cru sentir autour de sa taille la pression d'un bras invisible.

– Voilà qui vous apprendra à sortir la nuit sans permission, fit mon père.

Et, sur le même ton avec lequel il avait dit la même chose à Pierre :

– Allez vous coucher ! répéta-t-il.

Nous regagnâmes nos chambres, assez penauds ; et je me

glissai sous mes couvertures, en me promettant bien de ne plus jamais rire des frayeurs des autres.

Mon oncle est mort à Québec, encore jeune... quoique notaire.

Quand je le vis pour la dernière fois, j'avais à mon tour la ceinture du collégien, et, lui, instrumentait dans un contrat de mariage.

– Voyons, cousine, dit-il à la mariée, vous affrontez votre sort bravement ?

– Oh ! sans la moindre terreur.

– Prenez garde ! reprit le notaire ; il est bon d'avoir du toupet, sans doute ; mais il est quelquefois dangereux d'en trop avoir. Demandez plutôt à mon neveu !

Le menhir de Grandlieu

La Bretagne – qui est un peu le pays de nos pères – est aussi le pays des légendes par excellence.

Chaque hameau, chaque bourg, chaque ferme, chaque carrefour, chaque coin de lande, chaque ruine, presque chaque chaumière possède la sienne.

Les souvenirs de la Révolution et des guerres vendéennes sont venus ajouter leurs histoires sombres aux vieilles traditions de l'Armorique, qui avaient déjà peuplé de fantômes, de revenants, de korrigans, de fées et autres esprits occultes, cette terre ossianesque, où le vent des forêts druidiques semble parler un langage mystérieux aux peulvens éparpillés dans les ajoncs et les bruyères.

Là, on croit toujours aux sorciers et aux sortilèges.

On guérit encore « du secret ».

Trois croix faites avec le pouce, des mots magiques marmottés à voix basse, quelques souffles sur les parties malades ; et vous voilà guéri.

Pas tout de suite, mais vous guérirez – ce qui est tout comme.

Sans cela, voyez-vous, c'étaient des complications, des inflammations, des fièvres malignes, la gangrène, le tétanos, que sais-je !

La mort peut-être.

Et puis, je vous conseille de sourire, si vous voulez scandaliser les gens et passer pour un mécréant sans principes et sans vergogne !

En Bretagne, tous les sillons font une courbe, dans le sens du cours de la lune, pour attirer sur la récolte son influence bienfaisante – d'aucuns disent sa bénédiction.

Celui qui ose braver le préjugé populaire et tracer ses sillons en droite ligne est un libre-penseur, un révolutionnaire, un « mauvais gas ».

Des légendes ! oh oui, elles pullulent en Bretagne.

Légendes religieuses, légendes guerrières, légendes d'amour, légendes macabres, il y en a pour tous les goûts.

Il en est même qui sont renouvelées de la bible.

Témoin la légende du lac de Grandlieu, évidemment l'histoire de Loth et de sa femme ; et celle du roi Grallon – le roi d'Is – qui rappelle la fin tragique de Balthazar et peut-être aussi la disparition mystérieuse des Atlantides.

Pour le moment, parlons du lac de Grandlieu, cette nouvelle Mer Morte, dont les eaux, bien que douces et limpides, et n'exhalant aucune odeur de soufre et de bitume, n'en recouvrent pas moins, dit-on, les ruines englouties d'une ville maudite.

Le lac de Grandlieu est situé dans le département de la Loire-Inférieure, à quelques lieues au sud-ouest de Nantes.

Il a près de quarante milles de circonférence, et communique avec la Loire par un canal ouvert, il y a quelques deux cents ans, par les moines génovéfains de Buzay.

Ses eaux s'alimentent par la Boulogne et l'Ognon, et se déchargent par l'Achenau, l'un des affluents de la Loire.

D'après la tradition, l'emplacement que ce lac occupe aujourd'hui formait autrefois une campagne plantureuse et charmante, du nom d'Herbadilla, qui se déroulait toute verte et toute fleurie autour d'une ville païenne du nom d'Herbauges.

Au loin s'étendait la forêt de Vertave, une des sept grandes forêts de l'ancienne Bretagne, célèbre par les amours légendaires de la fée Viviane et de l'enchanteur Merlin, qui traînait les lourds menhirs de pierre à sa suite, depuis les côtes d'Irlande jusqu'aux plaines de Carnac.

D'après la même tradition, cette ville et cette campagne furent submergées, vers le milieu du sixième siècle, et remplacées par cette nappe d'eau qui ne s'est jamais desséchée depuis et qui forme probablement le plus grand lac de France.

Voici maintenant ce que raconte la légende.

Cette ville d'Herbauges était païenne, comme je viens de le dire, et, de plus, livrée à toutes sortes de débauches.

Quand le reste de la Bretagne avait depuis longtemps embrassé le christianisme, les habitants de cette ville avaient résisté à tous les efforts des envoyés de Dieu, et persisté dans leur idolâtrie et leurs débordements.

Le dernier missionnaire qui porta chez eux la parole évangélique fut saint Martin.

Non, pas saint Martin, le populaire évêque de Tours, qui, étant soldat, coupa un jour son manteau en deux pour le partager avec un pauvre ; ce grand serviteur de Dieu était mort depuis longtemps.

Mais saint Martin, moine français né à Nantes en 527, et mort au monastère de Vertou, en 601.

Saint Félix, évêque de Nantes, l'avait nommé archidiacre de son Église, et l'avait chargé de travailler à la conversion des habitants du sud de la Loire.

Le nouveau prophète d'Israël entre dans la ville impie, prêche sur les places publiques, fait des miracles et des prédictions, adjure les habitants de renoncer à leurs désordres et d'embrasser la foi du Christ.

On lui répond par des injures, on le bafoue, on le raille, et finalement la populace ameutée le poursuit en lui jetant des pierres.

Le saint s'enfuit, et sort de la ville avec l'homme qui lui a donné l'hospitalité, et qui, pour cette bonne action, échappera seul au cataclysme qui se prépare.

La femme de ce brave homme le suit ; mais leur enfant est resté dans la ville – on ne sait où.

– Où est mon enfant ? s'écrie la pauvre mère.

– Il est entre les mains de Dieu, répond saint Martin,

fuyons !

– Mon enfant ! mon enfant !

– Fuyez, fuyez ! pas une minute à perdre.

– Je veux mon enfant ! sanglote la malheureuse.

– Écoutez la voix de Dieu ! crie saint Martin ; fuyez ! suivez-moi !

Derrière eux le sol tremble et s'affaisse.

Une trombe formidable, un déluge inouï tombent du ciel et fondent sur Herbauges, qui s'engloutit dans un monstrueux pêle-mêle, avec ses monuments, ses édifices et ses habitants, au milieu des cris d'épouvante, des vagues, du tonnerre et des éclairs.

– Mon enfant ! mon enfant ! hurle la mère désespérée.

– Au nom de Dieu, ne détournez pas la tête ! lui commande saint Martin.

Mais la pauvre femme s'imagine avoir entendu une voix chérie qui l'appelle.

À cette voix, elle oublie tout, brave tout, sacrifie tout.

Elle se retourne et tend les bras vers la ville que la main vengeresse de Dieu pulvérise.

Hélas !

Ses pieds s'enfoncent dans le sol, sa langue se dessèche, une lourdeur terrible paralyse ses mouvements, ses membres se raidissent, tout son corps s'immobilise, se fige, se pétrifie.

Elle est changée en statue de pierre !

N'est-ce pas là, vivante et rajeunie, la légende biblique de la femme de Loth, – avec, en sus, la touchante auréole de l'amour maternel ?

Les pêcheurs du voisinage, qui croient entrevoir sous l'eau, dans les temps calmes, des restes d'édifices et des fragments de colonnes, et qui prétendent même entendre souvent des tintements de cloches monter des profondeurs transparentes du lac, nous montrent encore, à quelque distance du village, au détour d'une route abandonnée, ce qu'ils appellent la « femme de pierre ».

Je l'ai vue, je l'ai touchée, j'en ai fait le tour, j'en ai même détaché quelques éclats.

C'est tout simplement un menhir de granit, qui, aux yeux des gens de bonne volonté, présente vaguement l'apparence d'une femme.

– Il ne faut pas la vexer, disent les gens de l'endroit, car elle est très méchante.

On le serait à moins.

Le rêve de Barthe (Un rêve)

J'ai entendu bien des récits, relativement à des rêves extraordinaires.

Tous étaient naturellement plus ou moins difficiles à contrôler sous le rapport des faits.

Mais en voici un que je veux noter, à cause de son cachet d'authenticité exceptionnel.

Ce cachet d'authenticité ne tient pas seulement au caractère particulier du narrateur, dont la bonne foi est du reste au-dessus de tout soupçon ; il résulte surtout des preuves testimoniales nombreuses, de premier ordre, et à la portée de tous, sur lesquelles le fait pourrait s'étayer au besoin.

– Je ne suis pas homme à vous faire l'objet d'une mystification, et je ne suis pas encore assez vieux pour radoter, me disait celui à qui la chose est arrivée, un magistrat bien connu dans les cercles littéraires et politiques du pays.

Or voici l'histoire telle que je la tiens de ses propres lèvres.

Elle remonte à plus de trente ans passés.

Le brave magistrat était alors journaliste à Sorel.

Un jour, il est invité avec sa famille aux noces d'une belle-sœur, et part pour Montréal après avoir laissé de la copie à ses imprimeurs, et leur avoir formellement défendu de prendre part à une espèce de fête, voyage de plaisir ou autre chose, qui devait avoir lieu le lendemain. Comme à l'ordinaire, le mariage se fit le matin, et le déjeuner, très brillant, se prolongea assez tard dans l'après-midi.

Vers deux heures, après un bout de causerie joyeuse, et en attendant une course autour du Mont-Royal, projetée pour trois heures, le héros de mon aventure, qui avait sur la conscience une nuit de bateau à vapeur, se retira dans un boudoir, et s'étendit sur un canapé.

Au bout de quelques instants, il se leva tout énervé, et rejoignit les autres convives.

– Tiens, lui dit-on, vous n'avez pas dormi longtemps.

– Ma foi, non ; j'ai fait un vilain rêve ; j'en suis tout bouleversé.

– Pas possible ! quelle espèce de rêve !

– Un rêve effrayant... j'ai été témoin d'un spectacle qui m'a terrifié.

Et il raconta son rêve.

J'étais à Sorel, sur la berge de la rivière, dit-il, et il me sembla voir deux de mes employés, un nommé Moysan et un nommé Lafontaine, qui se promenaient en chaloupe.

Tout à coup la houle produite par un bateau à vapeur les prend en flanc. La surprise leur fait faire un faux pas, une fausse manœuvre, que sais-je ?

Deux cris de détresse retentissent, et l'embarcation chavirée est entraînée par le courant, tandis que les deux malheureux se débattent en suffoquant et en appelant à l'aide.

J'ai cru les voir s'engloutir et se noyer, là, sous mes yeux, sans que ni moi ni personne ayons pu nous porter à leur secours.

Cela m'a laissé une impression que je ne puis venir à bout de secouer.

– Bah ! ce n'est qu'un rêve.

– Ce n'est qu'un rêve, je le sais bien ; mais la chose a paru se passer devant moi si distinctement, et avec une telle lucidité de détails, que je ne puis m'empêcher d'en être étrangement frappé.

Je pris sur moi, cependant, ajouta mon ami le magistrat, en poursuivant son récit.

Nous fîmes notre promenade en voiture, et, tout naturellement, je finis par ne plus penser à mon cauchemar.

Le fait est que je l'avais entièrement oublié, lorsque, le lendemain matin, vers dix heures, je rencontrai, dans la rue Saint-Gabriel, un de mes voisins de Sorel, qui sortait de l'Hôtel du Canada.

– Savez-vous ce qui s'est passé, hier, à Sorel ? me dit-il en venant à moi ; avez-vous appris le terrible accident ?

– Non ; qu'y a-t-il ?

– Deux de vos typographes, Moysan et Lafontaine, se sont noyés hier, vers deux heures de l'après-midi.

Et il me raconta les détails.

C'était exactement tout ce que j'avais vu dans mon rêve de la veille.

Comme vous le pensez bien, je ne manquai pas de rapporter cette nouvelle aux personnes à qui j'avais raconté le rêve.

Parmi elles se trouvaient le docteur Meilleur, alors surintendant de l'Instruction publique.

C'était, comme vous le savez, un esprit d'élite, un penseur et un savant.

Il me déclara qu'il croyait fermement aux rapports des esprits entre eux, et me fit une longue et intéressante dissertation sur le sujet.

Or, de toutes les personnes dont j'aurais pu invoquer le témoignage à l'appui de ce que je viens de vous raconter, fit en terminant l'auteur du récit, le docteur Meilleur est la seule qui ne soit plus de ce monde.

Toutes les autres sont pleines de vie, appartiennent à la meilleure société de Montréal et peuvent corroborer mot pour mot ce que j'avance.

Aux savants d'expliquer.

Le revenant de Gentilly

Si vous demandez à quelqu'un s'il croit aux revenants, quatre-vingt-dix-neuf fois sur cent il vous répondra : Non.

Ce qui n'empêche pas qu'il se passe, ou tout au moins qu'il se raconte des choses bien inexplicables.

Témoin l'histoire suivante que je tiens du père d'un de mes confrères, un homme de profession libérale, à l'esprit très large et très éclairé, sur qui la crédulité populaire n'avait aucune prise, et dont la bonne foi était – vous pouvez m'en croire – au-dessus de tout soupçon.

Voici le récit qu'il nous fit un soir, à quelques amis et à moi, en présence de sa femme et de ses trois fils, avec le ton sérieux qu'il savait prendre quand il parlait de choses sérieuses.

Je lui laisse la parole.

Je ne prétends pas, dit-il, qu'il faille croire à ceci et à cela, ou qu'il n'y faille pas croire ; je veux seulement vous relater ce que j'ai vu et entendu ; vous en conclurez ce que vous voudrez.

Quant à moi, je me suis creusé la tête bien longtemps pour trouver une explication, sans pouvoir m'arrêter à rien de positif ; et j'ai fini par n'y plus songer.

C'était en 1823.

J'achevais mes études au Collège de Nicolet, et j'étais en vacances dans le village de Gentilly, avec quelques-uns de mes confrères et deux ou trois séminaristes en congé auprès de leurs parents.

Nous fréquentions assidûment le presbytère, où le bon vieux curé du temps, très sociable, grand ami de la jeunesse, nous recevait comme un père.

C'était un fier fumeur devant le Seigneur, et pendant les beaux soirs d'été nous nous réunissions sur sa véranda pour déguster un fameux tabac canadien que le bon vieillard cultivait lui-même avec une sollicitude de connaisseur et d'artiste.

À onze heures sonnant :

– Bonsoir, mes enfants !

– Bonsoir, monsieur le curé !

Et nous regagnions nos pénates respectifs.

Un soir – c'était vers la fin d'août, et les nuits commençaient à fraîchir – au lieu de veiller à l'extérieur, nous avions passé la soirée à la chandelle, dans une vaste pièce où s'ouvrait la porte d'entrée, et qui servait, ordinairement, de bureau d'affaires, de fumoir ou de salle de causerie.

Coïncidence singulière, la conversation avait roulé sur les apparitions, les hallucinations, les revenants ou autres phénomènes de ce genre.

Onze heures approchaient, et le débat se précipitait un peu, lorsque monsieur le curé nous interrompit sur un ton quelque peu inquiet :

– Tiens, dit-il, on vient me chercher pour un malade.

En même temps, nous entendions le pas d'un cheval et le roulement d'une voiture qui suivait la courbe de l'allée conduisant à la porte du presbytère, et qui parut s'arrêter en face du perron.

Il faisait beau clair de lune ; quelqu'un se mit à la fenêtre.

– Tiens, dit-il, on ne voit rien.

– Ils auront passé outre.

– C'est étrange.

Et nous allions parler d'autre chose, quand nous entendîmes distinctement des pas monter le perron, et quelqu'un frapper à la porte.

– Entrez ! fit l'un de nous.

Et la porte s'ouvrit.

Jusque-là, rien d'absolument extraordinaire ; mais jugez de notre stupéfaction à tous lorsque la porte se referma d'elle-même, comme après avoir laissé passer quelqu'un, et, là, sous nos yeux, presque à portée de la main, nous entendîmes des pas et comme des frôlements de soutane se diriger vers l'escalier qui conduisait au premier, et dont chaque degré – sans que nous pussions rien apercevoir – craqua comme sous le poids d'une démarche lourde et fatiguée.

L'escalier franchi, il nous sembla qu'on traversait le corridor sur lequel il débouchait, et qu'on entrait dans une chambre s'ouvrant droit en face. Nous avions écouté sans trop analyser ce qui se passait, ahuris et nous regardant les uns les autres, chacun se demandant s'il n'était pas le jouet d'un rêve.

Puis les questions s'entrecroisèrent :

– Avez-vous vu quelqu'un, vous autres ?

– Non.

– Ni moi !

– Nous avons entendu, cependant.

– Bien sûr.

– Quelqu'un entrer...

– Puis traverser la chambre...

– Puis monter l'escalier...

– Oui.

– Puis s'introduire là-haut.

– Exactement.

– Qu'est-ce que cela veut dire ?

Et, à mesure que nous nous rendions compte de ce qui venait d'arriver, je voyais les autres blêmir et je me sentais blêmir moi aussi.

En effet, nous avions tous bien entendu...

Et sans rien voir...

Nous n'étions point des enfants, cependant, et le courage ne nous manquait pas.

Le curé prit un chandelier, j'en pris un autre ; et nous montâmes l'escalier.

Rien !

Nous ouvrîmes la chambre où le mystérieux personnage avait paru s'enfermer.

Personne !

Absolument rien de dérangé ; absolument rien d'insolite.

Nous redescendîmes bouleversés et parlant bas.

– C'était pourtant bien quelqu'un.

– Il n'y a pas à dire.

– Et vous n'avez rien découvert ?

– Pas une âme !

– C'est renversant.

En ce moment un bruit terrible éclata dans la chambre que nous venions de visiter, comme si un poids énorme fût tombé sur le plancher.

Le vieux curé reprit froidement sa chandelle, remonta l'escalier et entra de nouveau dans la chambre.

Personne ne le suivit cette fois.

Il reparut pâle comme un spectre ; et pendant que nous entendions des cliquetis de chaînes et des gémissements retentir dans la chambre qu'il venait de quitter :

– J'ai bien regardé partout, mes enfants, dit-il ; je vous jure qu'il n'y a rien ! Prions le bon Dieu.

Et nous nous mîmes en prière.

À une heure du matin, le bruit cessa.

Deux des séminaristes passèrent le reste de la nuit au

presbytère, pour ne pas laisser le bon curé seul ; et les collégiens – j'étais fort tremblant pour ma part – rentrèrent chacun chez soi, se promettant toutes sortes d'investigations pour le lendemain.

La seule chose que nous découvrîmes fut, en face du presbytère, les traces de la voiture mystérieuse, qui apparaissaient très distinctes et toutes fraîches, dans le sable soigneusement ratissé de la veille.

Inutile de vous dire si cette histoire eut du retentissement.

Elle ne se termina pas là, du reste.

Tous les soirs, durant plus d'une semaine, les bruits les plus extraordinaires se firent entendre dans la chambre où l'invisible visiteur avait paru se réfugier.

Les hommes les plus sérieux et les moins superstitieux du village de Gentilly venaient tour à tour passer la nuit au presbytère, et en sortaient le matin blancs comme des fantômes.

Le pauvre curé ne vivait plus.

Il se décida d'aller consulter les autorités du diocèse ; et, comme Trois-Rivières n'avait pas encore d'évêque à cette époque, il partit pour Québec.

Le soir de son retour, nous étions réunis comme les soirs précédents, attendant le moment des manifestations surnaturelles, qui ne manquaient jamais de se produire sur le coup de minuit.

Le curé était très pâle, et plus grave encore que d'habitude.

Quand le tintamarre recommença, il se leva, passa son surplis et son étole, et, s'adressant à nous :

– Mes enfants, dit-il, vous allez vous agenouiller et prier ; et quel que soit le bruit que vous entendiez, ne bougez pas, à moins que je ne vous appelle. Avec l'aide de Dieu je remplirai mon devoir.

Et, d'un pas ferme, sans arme et sans lumière – je me rappelle encore, comme si c'était hier, le sentiment d'admiration qui me gonfla la poitrine devant cette intrépidité si calme et si simple – le saint prêtre monta bravement l'escalier, et pénétra sans hésitation dans la chambre hantée,.

Alors, ce fut un vacarme horrible.

Des cris, des hurlements, des fracas épouvantables.

On aurait dit qu'un tas de bêtes féroces s'entre-dévoraient, en même temps que tous les meubles de la chambre se seraient écrabouillés sur le plancher.

Je n'ai jamais entendu rien de pareil dans toute mon existence.

Nous étions tous à genoux, glacés, muets, les cheveux dressés de terreur.

Mais le curé n'appelait pas.

Cela dura-t-il longtemps ? je ne saurais vous le dire, mais le temps nous parut bien long.

Enfin le tapage infernal cessa tout à coup, et le brave abbé reparut, livide, tout en nage, les cheveux en désordre, et son surplis en lambeaux...

Il avait vieilli de dix ans.

– Mes enfants, dit-il, vous pouvez vous retirer ; c'est fini ; vous n'entendrez plus rien. Au revoir ; parlez de tout ceci le moins possible.

Après ce soir-là, le presbytère de Gentilly reprit son calme habituel.

Seulement, tous les premiers vendredis du mois, jusqu'à sa mort, le bon curé célébra une messe de Requiem pour quelqu'un qu'il ne voulut jamais nommer.

Voilà une étrange histoire, n'est-ce pas, messieurs ? conclut le narrateur.

Eh bien, je ne vous ai pourtant conté là que ce que j'ai vu de mes yeux et entendu de mes oreilles, – avec nombre d'autres personnes parfaitement dignes de foi.

Qu'en dites-vous ?

Rien ?

Ni moi non plus.

La maison hantée

C'était en 1858.

J'étudiais plus ou moins au Collège de Nicolet.

Notre directeur, l'abbé Thomas Caron – Dieu bénisse un des plus saints prêtres de notre temps, et l'un des plus nobles cœurs qui aient honoré l'humanité ! – l'abbé Thomas Caron me permettait d'aller tous les soirs travailler dans sa chambre, durant ce que nous appelions les « trois quarts d'heure » – période importante qui s'écoulait entre la prière du soir et le coucher, et que cinq ou six d'entre nous employaient à étudier l'histoire, et le reste... à « cogner des clous ».

Il me tolérait même quelquefois jusqu'au moment de sa tournée dans les dortoirs, c'est-à-dire une heure de plus.

Que voulez-vous ? Comme dans tous les autres collèges du pays, il était de tradition à Nicolet de défendre comme un crime aux élèves la perpétration d'un seul vers français.

Que le vers fût rimé ou non ; que la mesure y fût ou n'y fût pas, il importait peu ; l'intention était tout.

Or, non seulement j'étais un coupable, mais j'étais encore un récidiviste incorrigible.

Et le brave abbé, indulgent pour toutes les faiblesses – ne comprenant guère d'ailleurs pourquoi l'on fait un crime à des collégiens de rythmer en français ce qui leur passe de beau et de bon dans la tête, tandis qu'on les oblige de s'ankyloser l'imagination à charpenter des vers latins, d'autant plus boiteux qu'ils ont de plus vilains pieds et de plus belles chevilles, – le brave abbé m'avait dit :

– Le règlement est là, vois-tu, je n'y puis rien. Mais viens à ma chambre, le soir ; tu auras une table, une plume, de l'encre et du papier. Si tu fais des vers, c'est moi qui te punirai.

Cela m'avait donné confiance, et, tous les soirs – pendant que le saint homme lisait son bréviaire ou confessait quelque garnement coupable de désobéissance ou de distraction dans ses prières – je piochais courageusement mes alexandrins, en rêvant toutefois aux océans de délices dans lesquels devaient nager les heureux possesseurs d'un dictionnaire de rimes.

J'avouerai que l'inspiration ne donnait pas toujours ; et lorsque le bon abbé voulait bien faire diversion à mes efforts par la lecture d'un article de journal plus ou moins intéressant, je ne protestais pas plus qu'il ne faut au nom de mes droits outragés.

Il en était de même lorsqu'un visiteur se présentait.

Si je sentais qu'il n'y avait point indiscrétion, je n'avais aucun scrupule à lâcher une strophe à moitié finie pour écouter de mes deux oreilles, quand la conversation devenait intéressante.

Le soir dont je veux vous parler, elle l'était.

Le visiteur – aucun inconvénient à le nommer – s'appelait l'abbé Bouchard ; il était curé à Saint-Ferdinand, dans le township d'Halifax.

Il se rendait – avec un ancien élève nommé Legendre – à Trois-Rivières, où il allait consulter son évêque au sujet d'une affaire mystérieuse à laquelle il s'était trouvé mêlé, et dont il ne se rendait aucun compte.

Voici en résumé ce qu'il nous raconta :

Vous allez peut-être me prendre pour un fou, dit-il. Je vous l'avouerai, du reste, je me demande moi-même quelquefois si ce que j'ai vu et palpé est bien réel : et je douterais de ma propre raison si des centaines de mes paroissiens – hommes intelligents et dignes de foi – n'étaient pas là pour attester les mêmes faits.

En tout cas, si le témoignage des sens peut avoir quelque valeur et quelque autorité, je serais sur mon lit de mort que je n'ajouterais ni ne retrancherais une syllabe à ce que je vais vous dire.

À peu de distance de mon presbytère, il existe une petite maison pauvre, habitée par une veuve et ses deux enfants : un garçon d'à peu près vingt-quatre ans, et sa sœur cadette qui, elle aussi, a dépassé la vingtaine. L'appartement n'est composé que d'une seule pièce.

Dans un coin, le lit de la mère ; dans l'autre, celui de la fille ; au centre et faisant face à la porte d'entrée, un poêle à fourneau – ce que nos campagnards appellent un poêle « à deux ponts ».

Le garçon, lui, couche au grenier, qui communique avec l'étage inférieur par une trappe et une échelle.

L'autre jour, le bedeau vint m'annoncer qu'on avait « jeté un sort » chez les Bernier.

– Allez donc vous promener, lui dis-je, avec vos sorts. Vous êtes fou !

– Mais, monsieur le curé, un tel et un tel peuvent vous le dire.

– Vous êtes fou tous ensemble ; laissez-moi tranquille ! J'eus beau, cependant, me moquer de ces racontars, tous les jours ils prenaient une telle consistance, les témoins se présentaient si nombreux, les détails semblaient si positifs, que cela finit par m'intriguer, et je consentis à me rendre aux sollicitations de plusieurs personnes qui désiraient me voir juger par moi-même des choses extraordinaires qui se passaient, disait-on, chez les Bernier.

Le soir même, j'arrivais sur les lieux en compagnie de M. Legendre, que voici ; et je me trouvai au milieu d'une dizaine de voisins et voisines réunis là par la curiosité.

Il n'y avait pas cinq minutes que j'étais entré que j'avais pris place sur une des chaises plus ou moins éclopées qui, avec les lits, le poêle, une vieille table et un coffre, composent l'ameublement du logis, lorsqu'un son métallique me fit tourner la tête.

C'était tout carrément le tisonnier qui s'introduisait de lui-même dans ce que nous appelons la « petite porte » du poêle.

Convaincu que tout cela n'était qu'une supercherie, et bien déterminé à la découvrir, je ne me laissai pas impressionner tout d'abord par la vue de cette tige de fer qui semblait animée par quelque force mystérieuse.

Je la pris dans ma main, pour m'assurer si elle n'était pas mue par quelque fil invisible.

Nulle apparence de rien de ce genre.

Au même instant, voilà la trappe de la cave qui se soulève, et des centaines de pommes de terre se mettent à monter et à trotter dans toutes les directions sur le plancher.

Je pris de la lumière, ouvris la trappe et visitai la cave.

Personne ! rien d'étrange, si ce n'est les pommes de terre qui se précipitaient dans mes jambes et roulaient sous mes pieds, en cabriolant du haut en bas et du bas en haut des quelques marches branlantes qui conduisaient au sous-sol.

Je remontai assez perplexe, mais pas encore convaincu.

À peine eus-je reparu dans la chambre, ma chandelle à la main, qu'une vieille cuiller de plomb, lancée par je ne sais qui, vint tomber droit dans mon chandelier.

Cela me parut venir de la table ; et je n'en doutai plus quand je vis tout ce qu'il y avait de cuillers cassées, de couteaux ébréchés et de fourchettes veuves de leurs fourchons, sortir du tiroir et sauter aux quatre coins de la pièce avec un cliquetis de vieille ferraille.

J'ouvris le tiroir et l'examinai attentivement.

Il était dans l'état le plus normal du monde.

Pas un fil, pas un truc.

Cela commençait à m'intriguer vivement.

Je repris mon siège, et me remis à observer avec plus d'attention que jamais.

Pendant tout ce temps, les autres spectateurs – désireux d'avoir mon avis, et, dans ce but, voulant probablement me laisser toute liberté d'action – restaient silencieux et tranquilles, chuchotant à peine de temps en temps quelques paroles entre eux.

– Tiens, fit tout à coup la mère Bernier, qu'est donc devenue ma tabatière ? Je viens de la déposer ici sur le bout de mon rouet. C'est encore ce vieux démon qui fait ça pour me taquiner, j'en suis sûre. Il me fait quelquefois chercher ma tabatière durant des heures ; et puis tout à coup il me la remet là, sous le nez.

– Il ne la vide pas, au moins ? demanda quelqu'un.

– Non, mais il ne me la remplit pas non plus, bien qu'elle en ait grand besoin. C'est à peine s'il me reste une prise ou deux dans le fond.

Je ne fis guère attention à ce bavardage, mon regard était attiré depuis un instant vers le lit de la jeune fille, où il me semblait voir remuer quelque chose.

Enfin, j'étais fixé : il n'y avait plus à en douter, quelqu'un devait être sous le lit, qui tirait les couvertures dans la ruelle.

– Allons, dis-je aux quelques jeunes gens qui se trouvaient là, que le moins peureux de vous autres aille voir qui est caché là-dessus.

Un gros gaillard s'avance, se baisse, et au moment où il se glissait la tête sous la couchette, reçoit une claque en plein visage qui l'envoie rouler à deux pas plus loin.

Tout le monde avait entendu le bruit du soufflet, et chacun put en constater les traces sur la figure du pauvre diable qui l'avait reçu.

Je repris la chandelle, et regardai sous le lit : il n'y avait rien.

En revanche, je fus témoin, comme je relevais la tête, du phénomène le plus extraordinaire et le plus concluant qui puisse frapper les sens d'un homme éveillé et *compos mentis*.

C'est ce phénomène, absolument inexplicable et radicalement impossible sans intervention surnaturelle, qui est la cause de mon voyage ici.

Jugez-en.

Cette couchette de la jeune fille est faite, comme plusieurs couchettes d'enfants à la campagne, avec de petits barreaux verticaux qui en font tout le tour, à distance de quelques pouces les uns des autres, emmortaisés par le haut et par le bas dans la charpente du lit.

Les uns peuvent être plus ou moins solides dans leurs alvéoles ; mais j'ai pu constater – plus tard – que la plupart adhéraient aux mortaises, parfaitement immobilisés.

Imaginez-vous donc si je restai pétrifié, lorsque ma chandelle à la main, je vis là, sous mes yeux, tous ces barreaux se mettre à tourner d'eux-mêmes comme des toupies, avec un bruit de machine en rotation, sans que personne autre que moi fût à portée du lit.

Et, pendant ce temps-là, les vitres tintaient, les cuillers sautaient, toute la ferblanterie de la maison jouait du tambour, et les pommes de terre dansaient une sarabande diabolique dans tous les coins.

Je passai mon chandelier à quelqu'un, et j'empoignai deux des barreaux : ils me roulèrent dans les mains en me brûlant la peau.

M. Legendre en fit autant : ses solides poignets n'eurent pas plus de succès que les miens.

J'étais abasourdi.

Mais un incident comique devait se mêler à toute cette fantasmagorie ; je me retournai tout à coup, sur une exclamation de la mère Bernier :

– Monsieur le curé ! criait-elle, voici ma tabatière revenue. Et voyez, elle est pleine ! Décidément, les sorciers ont du bon.

La vieille prenait vaillamment son parti des circonstances ; et quant à moi, j'avais aussi pris le mien.

Me voici, accompagné d'un témoin, qui peut déclarer que je n'ai pas perdu la raison, et demain j'aurai une entrevue avec mon évêque.

– Mais, intervint M. l'abbé Caron, à quoi les gens de la maison attribuent-ils tout cela ?

– Voici ! répondit le curé de Saint-Ferdinand.

On raconte que, quelques jours avant ces manifestations, un vieux mendiant – c'est toujours quelque vieux mendiant – était entré chez les Bernier et leur avait demandé à manger.

On lui avait donné des pommes de terre bouillies, mais sans lui offrir à partager ni la table de famille, ni le morceau de lard qui se trouvait dessus.

Le vieux était parti mécontent, grommelant les paroles de rigueur :

– Vous vous souviendrez de moi !

En le regardant aller, on l'avait vu se pencher sur un ruisseau qui coule au coin de la maison, et y jeter quelque chose.

Le premier seau d'eau qu'on avait retiré du ruisseau s'était répandu de lui-même sur le plancher.

On en avait puisé d'autres, mais pas moyen d'en retenir une goutte dans aucun vase de la maison.

La famille dut s'approvisionner ailleurs.

On sait le reste.

L'abbé Bouchard quitta le collège le lendemain matin et, le soir venu, je dis à notre bon vieux directeur :

– Eh bien, que pensez-vous de ce qui nous a été raconté hier au soir ?

– Peuh ! me répondit-il avec une certaine hésitation ; il y a une jeune fille dans la maison, cela pourrait bien tout expliquer.

Et il changea de conversation.

Que voulait-il dire ?

Avait-il un pressentiment des futures découvertes de Charcot relatives aux phénomènes de l'hystérie ?

En tout cas, je n'entendis reparler de cette étrange histoire qu'un peu plus tard, à Québec, où je rencontrai le même curé Bouchard, accompagné cette fois d'un nommé Bergeron.

– Voyons, lui dis-je, et votre affaire de sorciers, où en est-elle ?

– Cela s'est passé comme c'est venu, me répondit-il, j'ai exorcisé, et tout a été fini.

– Je vais vous le dire, moi, fit le nommé Bergeron, quand le curé eut tourné le dos.

On a pris les moyens ordinaires pour se débarrasser de ces sortilèges.

Voyant que les prières du curé n'aboutissaient à rien, un jour qu'un vieux moyeu de roue était entré de lui-même dans la maison et s'était précipité dans le poêle qu'il avait failli démonter, le jeune Bernier saisit le moyeu et se mit à le larder de coups de couteau.

Le lendemain, le mendiant dont la visite avait été le signal de tout le tintamarre, fit son apparition, livide, courbé, tremblant, marchant avec peine et demandant pardon.

– Cherchez dans le ruisseau, dit-il ; vous y trouverez un petit caillou vert. Enterrez-le bien profondément quelque part, et rien d'extraordinaire ne vous arrivera plus.

C'est ce qu'on fit, et tout rentra dans le calme.

Mais le plus surprenant, c'est que le jour même où le moyeu de roue avait été ainsi lacéré par une lame d'acier, un vieux mendiant s'était présenté chez un médecin d'une paroisse voisine de Saint-Ferdinand, le dos tout sillonné de coupures sanguinolentes...

Vrai ou non, c'est ce qu'on m'a rapporté, fit mon interlocuteur sous forme de conclusion.

Une relique

Du haut de la terrasse Dufferin, à Québec, le regard voit briller au loin, sur la rive opposée, à quelques milles en aval, un gracieux clocher à lanternes recouvert en fer-blanc.

C'est celui de la petite église paroissiale de Saint-Joseph de Lévis, pittoresquement assise sur cette pointe de terre qui s'avance dans le fleuve, en face de la chute de Montmorency, vis-à-vis l'extrémité sud-ouest de l'île d'Orléans.

De ce point, le chemin public monte graduellement vers l'ouest, jusqu'à ce qu'il atteigne une élévation où se dressait, il y a quelques années, une élégante colonne d'ordre ionique, surmontée d'une croix dorée.

Cela s'appelait le « Monument de Tempérance ».

Là, le soir, en plein air, se faisaient les neuvaines en temps d'épidémie, les exercices du mois de Marie ; et, quand arrivait la Fête-Dieu, c'était au pied de cette colonne que se construisait le reposoir où aboutissait la procession du Saint-Sacrement.

On y arrivait par un monumental escalier.

Or, à deux pas de cet endroit, à gauche, il y a une fourche de chemins qui fut autrefois célèbre.

Qu'on me permette de raconter à quelle occasion.

En 1849, année où je suivais les exercices préparatoires à la première communion dans l'église de Saint-Joseph de Lévis, je fus témoin d'un événement bien étrange.

Un beau matin, deux fossoyeurs – un nommé Bourassa et un nommé Samson, si je ne me trompe – étaient occupés à creuser une fosse dans la partie est du cimetière, lequel, comme dans toutes les campagnes canadiennes, était alors contigu à l'église.

Tout à coup, une des bêches grinça sur quelque chose de métallique.

Qu'était-ce ?

On creuse, on bouleverse, on déblaie, et finalement on exhume une affreuse cage en fer, ayant exactement la forme d'une horrible ébauche humaine.

Bien qu'elle parût avoir été enfouie là depuis nombre d'années, la lugubre machine était parfaitement conservée.

Je crois la voir encore.

À peine si la rouille avait entamé les solides bandes de gros feuillard et les cercles de fer forgé dont elle se composait.

Ces bandes et ces cercles, fortement liés ensemble par de puissants rivets, se tordaient, s'enroulaient, s'entre-croisaient et se nouaient avec art, en suivant, à la façon des membrures d'un navire, tous les contours des jambes, des bras, du torse et de la tête de ce qui avait dû être un corps humain.

Le tout se complétait par de forts anneaux entourant les chevilles, les genoux, les poignets, les coudes, le cou et la taille.

Sur le sommet de la tête, un gros crochet à base pivotante avait dû servir à suspendre ce singulier cercueil.

Car c'était bien un cercueil, à n'en pas douter, puisqu'il contenait encore quelques ossements.

Et son ensemble indiquait celui d'une femme ; – celui d'une femme remarquable de formes, si je me rappelle bien.

D'où venait cette funèbre relique ?

Quel mystère était renfermé dans ce sinistre réseau de fer ?

Les traditions populaires conservées par les plus vieux habitants de l'endroit ne tardèrent pas à résoudre le problème.

On avait là, sous les yeux, un sombre témoin de la barbarie d'un autre âge, le dernier vestige d'un terrible drame judiciaire passé à l'état de légende dans les souvenirs du peuple.

Nous avions là, sous la main, une chose autrefois

lugubrement célèbre, et au sujet de laquelle avaient couru les rumeurs les plus fantastiques, un objet qui avait, durant des années, jeté l'épouvante dans bien des esprits, fait le cauchemar de bien des consciences, et qui avait passé pour avoir été enlevé par le diable et entraîné avec son horrible contenu dans les profondeurs infernales.

Cette trouvaille ôtait un peu de coloris à la légende, mais en revanche fournissait une jolie matière aux investigations des historiens et des archéologues.

Leurs recherches remontèrent au siècle précédent ; et, grâce aux traditions appuyées de certains documents recueillis par-ci par-là, voici ce qu'ils exhumèrent de l'oubli.

Juste cent ans avant la date mentionnée plus haut – c'est-à-dire en 1749 – par une radieuse journée de printemps, le petit village de Saint-Vallier, situé à quelque vingt milles plus bas que celui de Saint-Joseph de Lévis, était en liesse.

Une foule joyeuse, en habits des dimanches, se pressait aux abords de l'église paroissiale, riant, causant et plaisantant, au son argentin d'une cloche tout récemment importée de France, et qui pour la première fois, conviait les fidèles à une messe de mariage.

Toute la population du Fort – pour employer une expression locale – semblait disposée à pavoiser les maisons et à semer de fleurs le perron de l'église que gravissait en ce moment au bras de son père, la belle des belles de dix paroisses à la ronde, la timide et rougissante fiancée, Marie-Josephte Corriveau.

Plus d'un regard envieux saluait le jeune fermier à figure martiale qui, lui aussi, le bras appuyé sur celui de son père, entrait en même temps dans la petite église, heureux vainqueur dans une lutte où les plus beaux et les plus riches jeunes gens du district lui avaient disputé la palme.

Mais lui-même était riche et beau ; et, du reste, il acceptait si modestement son triomphe que chacun lui pardonnait son bonheur.

Son bonheur !... durant onze ans, un seul nuage sembla en altérer la sérénité.

Contrairement à ce qui se passe d'ordinaire dans les ménages canadiens en général si féconds, le jeune couple vécut seul et les petites têtes roses et blondes manquèrent à son foyer.

Que se passa-t-il d'étrange entre ces deux époux solitaires ? Nul ne l'a jamais su.

Un bon matin, les voisins, surpris, virent arriver la jeune femme, échevelée, hors d'elle-même et paraissant frappée de terreur.

Elle raconta en sanglotant qu'elle venait de trouver son mari mort dans son lit.

Le défunt était populaire ; il fut sincèrement regretté, et chacun manifesta les plus vives sympathies à la jeune veuve.

La douleur de celle-ci parut si naturelle que nul soupçon ne se fit jour dans l'esprit de personne.

Pourtant, quand on la vit, avec un jeune homme du nom de Louis Dodier, convoler en secondes noces, trois mois seulement après la mort de son premier mari, cela fit jaser.

On surveilla le nouveau couple.

Mais trois ans s'étant écoulés sans que rien de suspect ne fût venu les confirmer, tous les soupçons avaient fini par s'effacer les uns après les autres, lorsque, le matin du 27 janvier 1763, on trouva le corps de Louis Dodier, dans son écurie, presque sous les pieds de son cheval, le crâne fracassé par ce qui parut d'abord être les crampons de l'animal.

Cette fois la justice informa.

Une enquête régulière démontra que le malheureux n'avait pas été frappé par les crampons d'un cheval, mais par une fourche de fer, qui fut retrouvée près de là encore toute maculée de sang.

On exhuma le corps du premier mari, et l'on constata que sa mort avait dû être causée par du plomb fondu qui lui aurait été versé dans les oreilles, – pendant le sommeil sans doute.

De nouvelles circonstances suspectes s'enchaînèrent les unes aux autres, et bientôt – pour le meurtre de Dodier au moins

– les preuves s'accumulèrent tellement écrasantes contre la veuve, que personne n'eut plus l'ombre d'un doute sur sa culpabilité.

Le procès eut lieu devant une cour martiale, le seul tribunal qui existât alors dans le pays, lequel avait été cédé à l'Angleterre quelques jours seulement après le crime.

Un point à remarquer, c'est que l'accusée fut jugée au nom du roi d'Angleterre pour un crime commis sur un territoire français, et – suivant l'expression technique – contre « la couronne et la dignité du roi de France ».

Les preuves, bien que circonstancielles, furent concluantes.

Le témoignage d'une jeune fille du nom d'Isabelle Sylvain porta surtout la conviction dans l'esprit du tribunal, qui se préparait à prononcer la sentence de mort, lorsqu'un incident du plus haut dramatique se produisit.

Un vieillard à cheveux blancs s'était levé dans l'auditoire et s'avançait vers le juges.

– Arrêtez, messieurs ! dit-il d'une voix brisée par l'émotion. Ne condamnez pas une innocente. C'est moi qui ai tué Louis Dodier.

Et le vieillard, fondant en sanglots, s'agenouilla en ajoutant :

– Je suis le seul coupable ; faites de moi ce que vous voudrez.

C'était le père de l'accusée, Joseph Corriveau qui, fou de douleur en ne voyant aucun autre moyen de sauver la tête de sa fille qu'il adorait, venait de se sacrifier pour elle.

On conçoit l'effet de cette scène.

La personne qui parut le moins émue fut la coupable elle-même ; elle accepta froidement le sacrifice de son père, et laissa sans protester tomber la sentence suprême sur la tête de ce martyr de l'affection paternelle.

Voici le texte authentique du jugement qui fut rendu dans cette cause célèbre.

Il est extrait d'un document militaire, propriété de la famille Nearn, de la Malbaie.

C'est à M. Aubert de Gaspé qu'on en doit la découverte :

Québec, 10 avril 1763.

Ordre général.

La Cour Martiale, présidée par le lieutenant-colonel Morris, ayant entendu le procès de M. Joseph Corriveau et de Marie-Josephte Corriveau, Canadiens, accusés du meurtre de Louis Dodier, et le procès d'Isabelle Sylvain, Canadienne, accusée de parjure dans la même cause, le gouverneur ratifie et confirme les sentences suivantes : Joseph Corriveau, ayant été trouvé coupable du crime imputé à sa charge, est en conséquence condamné à être pendu.

La Cour est aussi d'opinion que Marie-Josephte Corriveau, sa fille, veuve du feu Dodier, est coupable de complicité au dit meurtre avant le fait, et la condamne en conséquence à recevoir soixante coups de fouet à neuf lanières, sur le dos nu, à trois lieux différents, savoir : sous l'échafaud, sur la place du marché de Québec, et dans la paroisse de Saint-Vallier, vingt coups à chaque endroit, et à être marquée à la main gauche de la lettre M, avec un fer rouge.

La Cour condamne aussi Isabelle Sylvain à recevoir soixante coups de fouet à neuf lanières sur le dos nu, de la même manière, aux mêmes endroits et en même temps que la dite Josephte Corriveau, et à être marquée de la même façon de la lettre P, à la main gauche.

L'aveu inattendu du vieillard avait naturellement détruit le témoignage de la pauvre fille.

Ses déclarations furent attribuées à des motifs de haine contre l'accusée.

Elle fut déclarée coupable de parjure, et condamnée en conséquence.

Quant à Joseph Corriveau, courbé sous le poids de l'âge moins encore que sous le fardeau d'infamie dont il venait de se charger volontairement, il s'achemina vers la prison, à côté de sa fille, qui, affolée par la joie d'avoir échappé à l'échafaud, ne daigna pas même lui jeter un regard de pitié et de reconnaissance.

Le supérieur des jésuites, à Québec, était alors un révérend père du nom de Clapion.

Ce fut lui qu'on appela auprès du condamné à mort.

Après avoir reçu la confession du vieillard, le prêtre lui fit comprendre que, en supposant même qu'il eût le droit de sacrifier sa vie et de fruster les fins de la justice, sa conscience ne lui permettait pas de faire punir et déshonorer une pauvre jeune fille pour un crime qu'elle n'avait pas commis.

L'héroïque vieillard était chrétien ; il aurait volontiers marché à l'échafaud pour sauver sa fille, mais il ne pouvait pas sacrifier son âme.

La vérité fut révélée aux autorités, et l'on fut d'autant plus implacable pour la meurtrière, qu'elle avait lâchement consenti à voir son vieux père subir le dernier supplice pour un forfait dont elle était seule coupable.

Un nouveau procès eut lieu, et voici le texte du jugement ; il est puisé aux mêmes sources que le document qui précède :

Québec, 15 avril 1763.

Ordre général,

La Cour Martiale, présidée par le lieutenant-général Morris, est dissoute.

La Cour Martiale générale, ayant fait le procès de Marie-Josephte Corriveau, accusé de meurtre de son mari Dodier, l'a trouvée coupable. Le gouverneur (Murray) ratifie et confirme la sentence suivante : – Marie-Josephte Corriveau sera mise à mort pour ce crime, et son corps sera enchaîné et suspendu à l'endroit que le gouverneur croira devoir désigner.

Signé, Thomas Mills.

La Corriveau – pour me servir du nom que lui a consacré la tradition – a passé longtemps pour avoir été enfermée vivante dans la fameuse cage de fer, et plusieurs personnes sont encore sous l'impression qu'elle y est morte de faim.

C'est une erreur.

Elle fut d'abord exécutée en la manière ordinaire, c'est-à-dire pendue sur les plaines d'Abraham, illustrées trois ans auparavant par la célèbre bataille qui conquit à Georges II mourant, un territoire plus grand que l'Europe entière.

Après l'exécution, on forgea sur le cadavre de la suppliciée cette singulière enveloppe, et l'on suspendit le tout au bras d'un immense gibet qu'on éleva sur les hauteurs de Lévis, au carrefour dont j'ai parlé plus haut.

On conçoit quel sujet de terreur cette effroyable exhibition fut pour les habitants du lieu et pour les passants.

Ce cadavre encerclé de fer, que les oiseaux de proie et de nuit venaient déchiqueter, qui tendait lamentablement ses bras fantastiques à tous les horizons, et qui se balançait au vent en grinçant à son crochet rouillé, fut bientôt le sujet de mille légendes plus ou moins noires.

La Corriveau descendait la nuit de sa potence et poursuivait les voyageurs attardés.

Quand l'obscurité était bien opaque, elle s'enfonçait dans le cimetière, et, vampire bardé de fer, elle assouvissait ses horribles appétits à même les tombes nouvellement fermées.

Chaque dépouille de trépassé mort sans sacrements lui revenait de droit.

Toutes les portes se verrouillaient au soleil couchant.

Et, s'il arrivait qu'il prît fantaisie au spectre de s'arrêter un instant sur la route, le sol qu'il touchait devenait maudit, et les accidents de toutes sortes s'y multipliaient, jusqu'à ce que la bénédiction d'un prêtre vînt conjurer le maléfice.

Sous le gibet, l'herbe était toujours brûlée jusqu'à la racine.

Les âmes en peine s'y donnaient rendez-vous, et des macabres diaboliques y déroulaient parfois d'interminables sarabandes.

Plusieurs personnes dignes de foi y avaient vu de grandes bêtes noires s'allonger, s'allonger, jusqu'à ce qu'elles pussent chuchoter d'épouvantables secrets à l'oreille de la défunte.

C'étaient d'affreux loups-garous, qui, disait-on, la demandaient en mariage.

D'autres fois – toujours dans les croyances populaires – les samedis surtout, à minuit sonnant, la potence cessait de grincer, et l'on voyait glisser lourdement dans la nuit sombre je ne sais quel fantôme formidable qui s'avançait lentement du côté de la grève, en rendant à chaque pas comme un cliquetis sinistre de chaînes et de ferrailles.

Alors ceux qui veillaient encore se signaient en tremblant et s'agenouillaient pour balbutier un *De profundis*.

C'était la Corriveau qui allait faire le sabbat en compagnie des sorciers de l'île d'Orléans.

Au point du jour, elle regagnait son poste, et le gibet recommençait ses lugubres grincements.

Cela ne pouvait pas durer toujours.

Un matin, la Corriveau ne reparut pas.

On vit là du merveilleux, comme toujours.

Le bruit se répandit que l'horrible machine avait été enlevée par le diable.

On remarqua même une vague odeur de soufre dans l'atmosphère.

Le vrai, le voici :

La Corriveau n'était pas seulement un sujet de consternation pour le voisinage ; c'était encore un épouvantail pour les étrangers.

Les habitants de Saint-Michel, de Saint-Charles, de Saint-Gervais et des autres paroisses du bas du fleuve n'osaient plus passer à la Pointe-Lévi, et venaient par eau porter leurs denrées et faire leurs achats à Québec.

Cela causait un tort considérable aux petits commerçants et aux aubergistes de l'endroit.

L'intérêt avait eu raison de la peur.

Quelques hardis gaillards, moins superstitieux que le reste de la population, avaient nuitamment détaché la cage de la potence, et l'avaient enfouie avec son contenu, le long du mur d'enceinte du cimetière, dans un petit espace réservé aux suppliciés et aux noyés inconnus.

Comme de juste, la chose avait été tenue secrète à cause des autorités.

En 1830, lorsqu'on reconstruisit l'église paroissiale détruite par un incendie, le cimetière fut agrandi de ce côté, et c'est ce qui explique la présence de l'étrange relique dans l'intérieur de l'enceinte consacrée.

Tout naturellement, la presse étant inconnue à l'époque de ces singuliers événements, la rumeur publique en avait grossi considérablement les proportions.

Ce ne fut bientôt plus deux individus seulement que la Corriveau avait assassinés.

Les maris augmentèrent si bien en nombre, que, lorsque la cage fut exhumée sous mes yeux en 1849, je me rappelle en avoir entendu compter et nommer bel et bien sept ou huit, avec force détails quant à leur âge, leur caractère, leur profession, et surtout quant aux circonstances tout particulièrement tragiques qui avaient accompagné leur décès.

On s'imagine l'affluence des visiteurs attirés par cette curieuse découverte.

Cela dura une couple de semaines.

Mais, un beau matin, on s'aperçut que la cage de la Corriveau, tenue sous clef, cependant, dans le sous-sol de la sacristie, était de nouveau disparu.

Le diable l'avait encore une fois enlevée.

Mais le diable, cette fois, s'appelait P. T. Barnum.

Maintenant ceux qui visitent le *Boston Museum* peuvent apercevoir, dans un recoin peu fréquenté du public, une vitrine oblongue placée verticalement, où se trouve entassée en désordre, une masse de vieilles ferrailles brisées, tordues, enchevêtrées, rongées par la rouille et le feu.

Sur la partie supérieure de l'encadrement, une petite pancarte porte cette inscription :

From Quebec.

C'est tout ce qui reste de la fameuse Cage de la Corriveau.

Le récit a paru pour la première fois en 1885 sous le titre *La Cage de la Corriveau* ; puis, puis plus tard, selon les éditions, il a pris des titres différents : *La Corriveau, Une relique, Une sinistre relique.*

Le rêve d'Alphonse (Un rêve)

Ceux qui croient aux futures découvertes de la science et se gardent bien de nier d'emblée tout ce qu'elle n'a pas encore pu expliquer, s'intéresseront peut-être à un cas étrange de pressentiment hypnotique dont je tiens le récit d'une personne en la véracité de qui j'ai la foi la plus entière.

Il s'agit d'un rêve ; et quand le héros de l'aventure me relatait la chose, en 1866, il était loin de supposer que j'en ferais jamais part au public.

Son récit, je vais tâcher de le répéter aussi fidèlement que possible, tel qu'il m'a été fait à moi-même, tel que je l'ai cru, et tel que je le crois encore.

Vers la fin de la guerre de Sécession, c'est-à-dire en 1864, mon ami Alphonse Le Duc – j'ai eu de nombreux et bons amis, mais je serais un terrible ingrat si je ne bénissais pas Dieu tous les jours de m'en avoir donné un comme celui-là ! – mon ami Alphonse Le Duc faisait partie de l'état-major du général Banks.

Naturellement, il dut faire partie de la désastreuse expédition que le vaillant homme de guerre fut forcé d'entreprendre, contre son gré, pour reconquérir la partie occidentale de la Louisiane.

Appuyée par une flotte considérable, l'armée se dirigea sur la rivière Rouge, où elle devait effectuer sa jonction avec un corps de dix mille hommes qui descendait le Mississipi sous la conduite du général Smith.

Ainsi renforcé, Banks, qui avait assumé le commandement en chef, s'avança sur la rive sud de la rivière Rouge, jusqu'à un endroit appelé Sabine Cross Road, un nom qui devait être célèbre.

L'armée était en alerte.

Les éclaireurs avaient signalé le général Taylor à la tête de forces sudistes considérables.

Une bataille était imminente.

C'est dire que la nuit se passa sur le qui-vive, et que les plus hardis seuls dormirent des deux yeux.

« J'avais une peur folle, me dit mon ami, qui, comme tous les vrais braves, croit inutile de se vanter.

Mille pressentiments désagréables me hantaient la cervelle.

Je vais y rester cette fois, c'est sûr, me disais-je à moi-même je ne sais trop pourquoi.

Et je songeais qu'il était bien bête à moi d'être venu ainsi me faire tuer à la fleur de l'âge, loin des miens et pour une cause qui n'était pas celle de mon pays, après tout. Mais il n'y avait pas à reculer ; il me fallait faire contre mauvaise fortune bon cœur, c'est-à-dire mon devoir.

Comme j'étais harassé, et que j'avais besoin de toute ma vigueur physique pour braver le grand hasard du lendemain, je me roulai dans mes couvertures après avoir ingurgité un bon verre de hot scotch, et je m'endormis, à peu près convaincu que c'était là ma dernière nuit en ce monde.

Dans mon sommeil – je continue à laisser la parole à mon ami Le Duc – j'eus un rêve.

Mais un rêve d'une lucidité extraordinaire.

Je voyais les choses comme si j'eusse été parfaitement éveillé, sans les transitions ou transformations brusques des rêves, absolument comme elles se passent dans le cours régulier de la vie.

J'assistai au réveil des troupes, à la mise en marche de l'armée.

Je vis les régiments se ranger en ligne de combat, les batteries s'établir sur les hauteurs, les escadrons de cavalerie prendre leurs positions.

J'entendis gronder le canon, crépiter la fusillade.

Et dans les cris, les fanfares et les hennissements, je

regardai s'engager la bataille.

J'étais avec le général Banks, sur un plateau d'où nous pouvions assez facilement suivre les péripéties de la grande lutte.

Tout à coup – à propos de quoi, je n'en sais rien – mon cheval s'ébroue, s'emporte, s'emballe, prend le mors aux dents et s'élance à fond de train en dehors des lignes, à l'endroit le plus périlleux, en plein à découvert sous le feu de l'ennemi.

Les balles me sifflaient aux oreilles par centaines.

Affolé, je gourme l'animal, je lui casse les dents, je lui laboure le ventre, je l'écrase sous moi.

Inutile, ce ne fut qu'après un quart d'heure, long comme un siècle, que je pus le maîtriser et revenir à mon poste.

– Ce n'est pas du courage, cela, me dit Banks, c'est de la témérité. Un vrai brave ne s'expose pas inutilement, entendez-vous, major ?

Il s'imaginait, tout bonnement, que j'étais allé faire ce tour-là par fanfaronnade.

Je n'eus pas le courage de lui ôter cette illusion, je préférai passer pour un extravagant.

– Tenez, reprit Banks, en crayonnant deux lignes sur l'arçon de sa selle, faites quelque chose d'utile ; allez porter ceci au général Smith.

Smith commandait l'aile droite ; je partis au galop.

À peu de distance, une maison en briques – que je vois encore avec ses contrevents disloqués et ses têtes de cheminées déchiquetées par les balles – me barrait la route. La fusillade faisait rage à cet endroit ; tout naturellement, je lançai mon cheval par derrière la maison.

Malédiction !

Juste au moment où je franchissais l'espace abrité, j'eus la sensation d'un fracas épouvantable, et me voilà englouti sous une avalanche de briques, de pierres, de débris de charpente et de décombres de toute espèce.

Un boulet venait de passer à travers la maison et l'avait démolie de la cave aux mansardes.

Quant à moi, j'étais mort... ou plutôt je m'éveillai sous ma tente, la tête en feu, le corps en nage.

Le tambour battait.

Une tasse de café, pendant qu'on sonne le boute-selle, et en avant !

Pour tout de bon, cette fois.

Mon rêve m'était encore tout frais à la mémoire :

– Donne-moi ton cheval, dis-je à mon ordonnance, un Allemand.

Le pauvre diable me regarda tout ahuri.

– Gomment, machor, fous foulez monder mon gefal ?

– Oui ; si cela te convient, tu pourras « brendre » le mien.

– Mais fous safez bien gue che ne buis le monder, il est drop vouqueux.

– Tant pis alors... ou peut-être tant mieux... tu iras à pied.

Et voilà la bataille engagée.

Or, mon ami, juge de ma stupéfaction, lorsque je vis autour de moi la reproduction exacte de mon rêve !

Les lieux, l'horizon, le paysage, la position et les évolutions des troupes, tout, jusqu'au plateau sur lequel nous étions postés, était identique.

Je l'avoue, mon premier mouvement fut de me féliciter d'être un peu superstitieux et d'avoir en ce moment sous moi, au lieu de ma monture ordinaire, le cheval poussif de mon Teuton.

Mais ce n'est pas tout ; écoute bien ceci, mon ami, et dis-moi ce que tu aurais éprouvé à ma place.

À un certain moment où la canonnade battait son plein, je vis le général Banks écrire quelques mots au crayon sur une feuille de calepin appuyée sur ses arçons, puis se tourner vers moi en disant :

– Major, veuillez porter ceci au général Smith.

Ainsi que dans ma vision de la nuit – chose que je n'avais pu prévoir cependant – le général Smith avait pris sa position sur la droite.

Je partis, un peu pâle sans doute, et...

Me voilà en face de la terrible maison en briques, que j'avais vu s'écrouler sur moi dans mon rêve !

C'était elle, exactement elle.

Je la reconnaîtrais encore entre mille.

À cette vue, le cœur me tressauta dans la poitrine.

Je sentis mon courage défaillir ; et n'eussent été le sentiment de la discipline, et peut-être aussi un peu d'amour-propre, j'aurais rebroussé chemin.

Dans tous les cas, me dis-je à part moi, le diable ne me fera pas passer par derrière !

Et je lançai mon cheval à bride abattue, en plein sous les balles confédérées, tout droit par-devant la bâtisse.

Juste en face, la bête se cabre et s'affaisse.

Un boulet venait de lui effleurer le nez, et la maison sautait en mille pièces.

Je me relevai sans une égratignure.

Si j'avais passé derrière, j'étais infailliblement mis en marmelade !

Le soir nous étions battus.

Les unionistes avaient perdu la bataille de Sabine Cross Road.

Et moi, j'avais perdu un pur sang magnifique, que je n'ai jamais revu, pas plus que mon ordonnance.

Pourvu que l'un n'ait pas porté malheur à l'autre...

Le lendemain, en retraitant, le général me disait :

– Major, pourquoi donc avez-vous passé en face de cette maison, hier ? Ce n'est pas du courage, cela ; c'est de la témérité. Un brave...

– N'expose pas sa vie inutilement ! oui, je sais ça par cœur, dis-je en l'interrompant.

Le général me regarda sans comprendre, et je détournai la conversation.

Pour lui répondre, il m'aurait fallu conter mon rêve ; et, ma foi, j'eus peur qu'il ne me rît au nez.

Tandis que toi, vois-tu, tu peux rire si tu veux, je t'ai dit la vérité, c'est tout. »

Et, ma foi, non, je n'ai pas ri.

Pourquoi rire de ces choses ?

Je le répète, celui qui m'a fait ce récit n'a pu mentir.

Qu'on explique comme on voudra, ou plutôt comme on pourra, ce phénomène.

Qu'on l'appelle coïncidence, aberration, hallucination, cela m'est égal ; mais je suis convaincu qu'Alphonse Le Duc n'a pas inventé cette histoire, et qu'il a bien vu tout ce qu'il m'a raconté.

Un fantôme

La Pointe-aux-Anglais est située dans le bas du fleuve Saint-Laurent.

C'est une langue de terre désolée et hérissée de brisants, qui fait partie de l'île aux Oeufs, et sur laquelle, jetée à pleines voiles par un pilote acadien du nom de Paradis, la flotte de l'amiral Walker, qui venait assiéger Québec, se perdit corps et biens, le 22 du mois d'août 1711.

Ce naufrage – un des plus terribles de l'histoire – est resté légendaire, et a donné mauvaise réputation à la côte, où, à ce que prétendent les pêcheurs et les navigateurs des environs, on voit, dans les jours de brouillard, apparaître le fantôme de la fameuse flotte, qui vient s'abîmer sur les roches, comme il y a près de deux siècles, avec un bruit de tonnerre et des clameurs sinistres.

Naturellement, cette mauvaise réputation de la côte a donné naissance à bien des récits plus ou moins effrayants, mais aussi plus ou moins authentiques.

Celui qui va suivre porte cependant en soi un tel cachet de sincérité qu'on ne saurait guère le révoquer en doute. C'est un inspecteur de marine qui parle – un inspecteur officiellement chargé de visiter cette plage, en 1863, à la recherche d'un navire naufragé, le *Lord Dundonald*.

J'emprunte ce récit, presque mot pour mot, à mon ami et distingué confrère, William McLennan.

– C'était en juillet, dit l'inspecteur de marine, et le temps était délicieux.

Un samedi après-midi, il me vint à l'idée qu'une petite partie de pêche ne pourrait que m'offrir une agréable distraction ; et, ayant fait mettre à l'eau une de nos chaloupes de bord, je partis pour la rivière Mistecapin, accompagné de deux Canadiens français et de deux sauvages.

Nous passâmes un dimanche charmant.

Trop charmant, car cela nous fit reculer plus qu'il ne fallait l'heure du retour.

La brise était molle ; et à peine avions-nous filé quelques nœuds, que nous fûmes complètement envahis par l'obscurité.

Craignant de faire fausse route, je fis carguer la voile et mettre les avirons dehors, pour longer les sinuosités du rivage.

Les ténèbres augmentaient toujours. Bientôt il nous fut impossible de rien distinguer à quelques pieds de nous. Bientôt aussi, le vent tomba entièrement, et le calme se fit intense.

On n'entendait que le grincement régulier des avirons dans les tolets, et le bruissement à peine perceptible de la houle sur les galets de la rive.

À chaque palade des rames plongeant dans le fleuve, l'eau dormante et unie comme de l'huile s'éclairait de rapides et phosphorescentes lumières, qui contribuaient encore à rendre l'obscurité plus profonde, et plus profonde aussi l'impression de cette nuit morne.

Tout le monde gardait le silence.

Les hommes ramaient avec ensemble – l'un d'eux enfonçant de temps en temps son aviron à pic pour s'assurer si le courant ne nous entraînait point au large.

Nous n'étions pas encore à mi-chemin, et il se faisait tard.

J'en pris tout de suite mon parti.

– Allons, mes amis, dis-je, stoppons ! Il est inutile d'aller plus loin ce soir. Nous allons atterrir, et camper ici pour la nuit.

Le son de ma voix – enrouée, c'est vrai, par la fraîcheur humide du soir – m'impressionna presque dans ce grand silence.

À mon étonnement, les Indiens protestèrent avec énergie contre ma proposition.

– Non, non !... Pas aller à terre !... Pas ici !... Mauvaise place !... Mauvaise !...

Aux questions que je leur posai pour connaître le motif de leur répugnance, ils ne répondirent d'abord qu'en répétant le mot de « mauvaise place », avec des hochements de tête significatifs ; mais ils finirent par s'expliquer en disant, sur un ton mystérieux et terrifié, qu'il y avait là une *épitaphe*.

Par épitaphe, ils entendaient sans doute une tombe, un tertre funéraire quelconque – lieu de sépulture solitaire de quelque victime de la mer – surmonté de la croix traditionnelle.

L'objection ne me parut pas péremptoire.

J'ordonnai quand même de mettre à terre ; et, m'aidant d'un aviron bien appuyé dans le sable, d'un saut je fus sur le rivage.

Les deux Canadiens me suivirent, mais les sauvages ne voulurent point se laisser convaincre. Ils déclarèrent préférer s'ancrer au large et passer la nuit sur l'eau.

Sachant pouvoir me fier à eux, je les laissai faire et m'occupai, avec mes deux autres matelots, à nous préparer un campement confortable pour la nuit.

Nous étions munis d'épaisses couvertures ; et, comme la marée avait laissé plus d'un morceau de bois mort sur la plage, nous eûmes bientôt fait d'allumer quelques éclats. Et aussitôt que le feu eut commencé à flamber en pétillant, nous nous éloignâmes dans différentes directions pour faire une provision de bois sec pour la nuit.

Il faisait encore plus sombre à terre que sur le fleuve.

Le sable ferrugineux du rivage, de couleur foncée, semblait absorber le peu de lumière que projetait notre vacillant foyer.

La chaloupe avait disparu, perdue dans l'obscurité, et je remarquai que nos courses à la recherche de combustible n'étaient ni lointaines ni prolongées.

Je ne crois pas être plus superstitieux qu'il ne faut, mais l'endroit où nous étions avait de sinistres antécédents ; et, depuis des semaines, à la chute du jour, après la journée de travail, j'avais eu les oreilles rebattues de mille histoires de naufragés, de revenants et de vaisseaux-fantômes.

Nous avions trouvé des canons et autres épaves enfoncés dans le sable noir de la grève.

Nos matelots en étaient vivement impressionnés ; ces vestiges de la célèbre catastrophe semblaient à leurs yeux comme une confirmation de la terrifiante légende.

En outre, nous étions sous le coup d'une journée de fatigue, et nul doute que notre longue nage dans le silence et les ténèbres n'avait pas peu contribué à nous mettre un peu sur nos nerfs.

Néanmoins, notre flambée de bois mort nous réconforta petit à petit, et nous finîmes par nous mettre courageusement à la besogne.

Quant à moi, je me dirigeai tout droit du côté du cercle d'ombre formé autour de notre brasier, à la recherche d'une bûche quelconque qui pût alimenter celui-ci le plus longtemps possible.

Cette belle et bonne bûche que je cherchais, je faillis trébucher dessus.

La trouvaille faite, rien ne me pressait plus.

Je m'arrêtai et regardai au loin, essayant de découvrir quelques-uns des grands bouquets de pins qui s'échelonnent de distance en distance le long de ces rivages solitaires.

Mais l'obscurité était si épaisse qu'on ne pouvait distinguer aucune ligne de démarcation entre le ciel et l'horizon.

Tout était d'un noir d'encre.

Comme j'allais me baisser pour m'emparer de la bûche, notre feu flamba tout à coup en jetant une lueur plus vive, et je m'aperçus, avec une sensation d'effroi inutile à dissimuler, qu'un des bouts du tronc sec reposait sur un tertre, à l'extrémité duquel une croix noire se dressait vaguement dans l'ombre.

Je retrouvais là l'*épitaphe* dont les sauvages avaient parlé. Vous comprenez sans peine que la rencontre manquait de gaieté, dans les circonstances particulières où nous étions, au milieu de cette nuit d'une opacité lugubre, et sur cette Pointe-aux-Anglais réputée pour ses histoires de revenants.

Je l'admets, je ne me sentais pas à mon aise.

Mais j'étais venu à la recherche d'une bûche ; je l'avais trouvée, et je tenais à l'avoir, en dépit de toutes les croix funéraires du golfe.

Je m'agenouillai donc pour la charger sur mes épaules.

Pourquoi je relevai la tête ? Je n'en sais rien.

Mais, jugez de l'indicible terreur qui me saisit à la gorge, lorsque j'aperçus devant moi, de l'autre côté de la tombe, une grande figure sinistre, avec une longue main blanche, droite et immobile, levée menaçante de mon côté.

Je lâchai la bûche, et bondis sur mes pieds.

Au même instant, l'apparition s'évanouissait dans le noir.

Ma première impression fut une peur irréfléchie. J'aurais voulu fuir, mais j'étais presque paralysé. La vue de cette chose effrayante m'avait figé sur place.

Je restai là, debout, muet, en face de cet impénétrable rideau de ténèbres, les cheveux dressés d'épouvante, jusqu'à ce que la réflexion, l'orgueil – et mes nerfs sans doute – reprenant le dessus, je me dis :

– Il me faut pourtant cette bûche quand même !

Et je m'agenouillai de nouveau devant la tombe.

Pour le salut de mon âme, je ne pus m'empêcher de lever encore une fois les yeux devant moi, bien que je me fusse juré, une seconde auparavant, de n'en rien faire ; et des gouttes de transpiration froide me tombèrent du front, lorsque j'aperçus encore le fantôme, tout droit et impassible, son redoutable geste toujours dirigé vers moi.

De nouveau, la peur me redressa.

Et de nouveau, la vision s'évanouit.

J'eus la présence d'esprit de ne pas faire appel à mes camarades, qui n'eussent pas manqué de s'enfuir, en me laissant seul devant cette tombe et ce spectre dans cette nuit noire.

Un bain d'eau froide ne m'aurait pas plus glacé ; mes genoux s'entrechoquaient : j'avais à peine la force de me tenir debout.

Enfin, mû par je ne sais quel instinct de bravade désespérée, je me baissai derechef et saisis avec rage l'extrémité de la bûche.

Mais, quand j'aperçus pour la troisième fois le formidable fantôme, toujours debout et toujours menaçant, sa blancheur sépulcrale se détachant blafarde et farouche sur le fond noir de l'horizon, je faillis m'écraser contre terre avec un râle d'agonie.

Mes sens me revinrent, cependant, et cette fois je me relevai en reculant de côté.

À ma profonde surprise, le fantôme ne disparut pas.

Au contraire, un éclat de lumière soudain projeté par notre feu de camp le rendit plus visible que jamais.

Alors mes nerfs se détendirent.

Un soupir – presque un cri de soulagement – s'échappa de ma poitrine.

J'avais tout compris.

Il y avait là, la souche à demi déracinée d'un vieux pin, que le vent et la pluie avait dépouillée et blanchie, bizarrement dressée avec une branche sèche projetée du côté de la tombe.

Par un hasard tout particulier, je m'étais avancé en droite ligne entre notre feu et cette souche, de façon, tant que je restai debout, à lui intercepter la lumière.

Du moment que je me baissais, la souche s'éclairait dans son attitude fantastique, et disparaissait aussitôt que ma silhouette s'interposait entre elle et la flamme de notre bûcher.

Si je m'étais seulement écarté d'un pas, pendant les longues minutes d'angoisse que je venais de traverser, le mystère aurait à l'instant cessé d'en être un pour moi.

D'un autre côté, si je m'étais enfui à la première alarme, j'aurais pu raconter – et de bonne foi – une des plus belles histoires de revenant qui aient jamais donné la chair de poule aux amateurs de « contes à ma grand'mère ».

Une vision

Il n'y a encore que quelques années, tout se réduisait, dans le domaine scientifique, soit à un positivisme brutal, soit à un spiritualisme transcendant, attribuant tous les mystères inexpliqués de la nature à l'action directe de l'occultisme, quand on ne pouvait pas les assigner à l'intervention formelle de la Providence.

En présence de phénomènes un tant soit peu en dehors du cercle des connaissances actuelles, les uns niaient carrément le fait, lui opposant le mot *impossible* – dont nulle intelligence humaine n'a pourtant le droit de définir la portée quand il s'agit de science spéculative ; les autres expliquaient tout par les mots *miracle* ou *maléfice*.

Et, chose assez curieuse, bien que partant de principes si opposés, on en arrivait au même point : c'est-à-dire à contester sans restriction l'existence de ce que l'on est convenu d'appeler le merveilleux dans le domaine purement physique ou matériel – tous par conséquent se proclamant, avec une entente aussi unanime que présomptueuse, les dépositaires de la science absolue.

Tous semblaient dire à la création, à la nature, à la loi éternelle et divine : Nous vous avons sondées jusqu'au fond ; nous avons mesuré votre action tout entière ; vous n'avez plus l'ombre d'un arcane à nous révéler ; halte-là, vous n'irez pas plus loin !

Perpétuelle outrecuidance de l'esprit humain !

Risible orgueil de la taupe qui, jaugeant tout à la mesure de sa taupinière et de son grain de blé, invoque son aveuglement même pour nier le soleil et les constellations !

On commence à en rabattre un peu de part et d'autres, heureusement.

Devant les merveilles qui s'accomplissent tous les jours sous nos yeux, devant les découvertes physiques et physiologiques qui sont en train de révolutionner le monde et d'ouvrir pour ainsi dire un nouvel avatar à l'humanité, ceux qui pensent et essaient d'envisager l'avenir sans parti pris se demandent si la science du siècle n'a pas aujourd'hui le droit d'élever les yeux vers des hauteurs jusqu'ici interdites à ses regards, et de jeter à l'inconnu le cri autrefois réputé sacrilège : *Quo non ascendam ?*

– Vous voulez parler du spiritisme, me dira-t-on ; vous y croyez donc ?

Je réponds :

– Oui et non. Je crois au spiritisme, comme je crois à l'alchimie. De même que les travaux des chercheurs du grand œuvre ont produit la chimie moderne, il pourrait bien naître, des rêves du spiritisme, toute une branche de science *naturelle* dont les hypothèses les plus hardies ne sauraient mesurer ni le poids ni l'action dans les choses de l'avenir.

Notre siècle, qu'on a appelé le siècle de la matière, pourrait bien, avant d'avoir terminé son évolution, se servir de cette même matière pour ouvrir à l'humanité des horizons idéaux et spiritualistes que les songes des plus ambitieux optimistes n'ont pas même osé pressentir. Qu'on me pardonne de faire précéder, par ce long et solennel préambule, une toute petite histoire bien naïve et bien simple, que je tiens d'un brave missionnaire qui m'en a affirmé sur l'honneur la complète authenticité dans ses moindres détails.

La bonne foi du narrateur est pour moi hors de tout doute ; et, du reste – on le verra par le fond même de l'histoire – ces choses-là ne s'inventent pas.

C'était, il y a cinq ou six ans, pendant que se tenait à Londres le *Congrès international de psychologie expérimentale.*

Nous étions cinq ou six amis, tous hommes d'études, tous des esprits « ouverts à la conviction », comme on dit en anglais, et sans hostilité préconçue contre ce qui, de prime abord, semble paradoxal dans les prétentions de ceux qui veulent imprimer à la science une nouvelle direction.

Et la conversation tomba sur l'hypnotisme, la suggestion, la double vue, la télépathie, la lucidité, le magnétisme, les expériences de Charcot, les affirmations d'Eugène Nus, les dissertations du docteur Gibier, les constatations extraordinaires de Lombroso, de Rochas et de tant d'autres savants qui s'occupent de ces phénomènes physiques encore inexpliqués.

Et nous citions nombre de faits contrôlés par ces esprits sérieux avec toutes les précautions que la science expérimentale impose à ses chercheurs.

Nous parlions de matérialisation, de corps astrals, de dédoublement, de seconde vue, et en général de cette science du psychisme, dont Gladstone s'est occupé, dont les principaux membres de la Société Royale de Londres sont des adeptes, et dont le grand chimiste, le pasteur de l'Angleterre, William Crookes, est à la fois le parrain et le premier pontife.

Le missionnaire dont je viens de parler était avec nous ; il écoutait et hochait la tête.

– Voyons, monsieur l'abbé, fit quelqu'un, vous ne vous prononcez guère ; quelles sont vos idées là-dessus ?

– Ma foi, répondit-il, vous pourriez m'en conter long sur ces questions avant de m'étonner.

– Vous croyez à ces phénomènes ?

– Certes ! j'ai même vu plus fort que tout ce que vous venez de signaler.

– Vraiment ?

– J'ai été témoin d'un fait futur.

– Bah ! est-ce sérieux ?

– Oui, messieurs ; moi qui vous parle, j'ai vu, de mes yeux vu, en pleine nuit, la tête couverte et les yeux fermés, quelque chose de très caractérisé, qui ne s'est réellement produit que trois heures plus tard.

– Voilà qui est extraordinaire ; contez-nous cela.

– Volontiers.

Et le brave missionnaire, d'un ton de sincérité sur lequel je n'ai pas besoin d'insister, nous relata l'étrange fait qui suit :

« Dans l'hiver de 1886, dit-il, je voyageais en *carriole*, le long de la rivière Gatineau, sur le chemin qui conduit de Bascatong à Maniwaki.

J'avais pour compagnon de route mon confrère missionnaire, le père Dozois, et pour cocher un individu du nom de Caron.

Nous revenions d'une petite mission dans les chantiers du haut de la rivière, et nous approchions d'un endroit qu'on appelle le Castor-Blanc, et où nous devions nous séparer.

Le temps était beau et sec, les routes pas trop mauvaises ; il faisait pleine lune ; et, comme nous craignions un peu de dégel pour le lendemain, nous décidâmes de voyager toute la nuit.

Nous étions, mon compagnon et moi, assez confortablement installés sur un siège bien rembourré et bien clos, avec nos peaux de buffles chaudement bordées autour de nos épaules ; et, dans les longs intervalles de nos causeries, nous laissions nos rêves battre la campagne solitaire aux tintements monotones des grelots.

À la longue, le bercement de la voiture nous invita au sommeil ; et, notre peau de buffle soigneusement relevée sur nos têtes, un peu appuyés l'un sur l'autre, nous nous endormîmes, pendant que notre cocher sifflait un air du pays et faisait claquer son fouet pour encourager sa bête. Après quelques heures de repos ainsi dérobées à la fatigue de la route, j'eus la conscience d'une étrange sensation.

Il se passait en moi quelque chose d'extraordinaire.

Je ne dormais plus, mais je ne me sentais pas complètement éveillé.

J'éprouvais comme une espèce de bien-être, très conscient, très lucide, mais qui aurait été mêlé à je ne sais quelle confuse impression du rêve.

C'était de la somnolence ; je m'en rendais parfaitement compte. Mais je me rendais aussi parfaitement compte, comme en pleine veille, du milieu ambiant et des circonstances qui m'entouraient.

J'entendais le bruit de la voiture, le timbre des grelots, les ébrouements de notre cheval, les coups de sifflet du cocher, et même, par moments, les ronflements de mon camarade dont je sentais l'épaule presser la mienne.

Peu à peu cette perception des choses extérieures devint extrêmement intense, j'oserais dire plus intense que dans le cours ordinaire de la vie éveillée.

C'était la première fois que je passais en cet endroit ; j'avais la tête entièrement recouverte d'une épaisse peau de buffle ; j'avais même les yeux hermétiquement clos ; or je voyais tout autour de moi, comme en plein jour, et avec une précision de nuances et de contours extraordinaire.

Je pouvais compter les arbres, décrire les maisons, lire les enseignes.

Je pressentais même ce que je ne pouvais pas encore apercevoir, les détours du chemin, les ponts, les montées et les descentes.

Plus que cela – et ici le mystère se corse – je pouvais nommer les villages, les rivières ; la moindre crique me semblait connue depuis dix ans.

Notez que tous ces détails furent amplement vérifiés quelques heures plus tard par notre cocher qui, lui, était familier avec les lieux que nous venions de parcourir.

Mais n'anticipons pas.

J'étais toujours dans cet état de torpeur lucide dont je viens de parler, lorsque je m'aperçus que nous entrions dans un bois.

Alors j'eus une autre sensation étrange.

Il me sembla, de même que les distances se rapprochaient avec une incroyable vitesse, que le temps lui aussi, comme dans certains rêves, se précipitait avec une rapidité vertigineuse.

En quelques minutes, je crus avoir parcouru des lieues et vécu des heures.

Je me trouvai de l'autre côté de la forêt, à l'orée du bois, et j'aperçus à ma gauche, à quelques pas du chemin, une maison que je reconnaîtrais encore entre dix mille.

Le pignon faisait face à la route – un pignon ornementé et peinturluré d'une façon toute particulière – et dans une fenêtre percée entre la porte d'entrée, qui était peinte en vert, et une autre ouverture, une femme se tenait debout, les manches retroussées, avec un chat gris dans ses bras, un gros matou qu'elle caressait en nous regardant passer.

La vision était tellement vive, tellement accentuée dans tous ses détails, que, malgré l'impression vague qui me restait d'être le jouet d'une hallucination, je secouai ma torpeur, et baissai brusquement la peau de buffle qui me couvrait les yeux.

La lune s'était couchée, il faisait sombre, et nous étions en plein bois.

Mon mouvement avait éveillé mon compagnon. Je lui racontai ce qui venait de m'arriver.

– Vous avez rêvé, me dit-il, c'est bien simple.

Et il se rendormit.

En effet, moi-même je croyais bien avoir rêvé ; mais je me disais : Quel drôle de rêve tout de même !

Je regardai à ma montre, il était quatre heures du matin.

Ne me sentant plus aucun besoin de sommeiller, j'essayai de tuer le temps en égrenant mon chapelet ; mais la singulière vision me poursuivit.

J'avais constamment cette maison, cette femme et ce chat devant les yeux.

Enfin trois heures s'écoulèrent ; le jour s'était lentement faufilé à travers les arbres, et le soleil venait d'apparaître à l'horizon, lorsque, notre voiture ayant fait un brusque détour, nous débouchâmes tout à coup à la lisière du bois.

Jugez de ma stupéfaction, messieurs !

La maison était là – la maison vue dans mon sommeil – absolument telle que je l'avais encore présente à la mémoire, avec son pignon curieusement ornementé, son badigeonnage de mauvais goût, sa porte verte et ses deux fenêtres de façade.

Je poussai mon compagnon, et lui dis :

– Regardez !

Il se frotta les yeux, et une exclamation de terrifiante surprise lui échappa, lorsqu'il eut aperçu comme moi, dans la fenêtre centrale de l'étrange maison, une femme qui, les manches retroussées, nous regardait passer, en caressant un énorme chat gris qu'elle tenait dans ses bras.

– C'est elle, lui dis-je en ne pouvant me défendre d'un léger tremblement dans la voix ; je la reconnais parfaitement telle que je vous l'ai décrite et que je l'ai vue, il y a trois heures.

Ainsi, messieurs, conclut le missionnaire, mon rêve – si toutefois cela peut s'appeler un rêve – avait non seulement franchi par anticipation une distance d'au moins six lieues, mais encore était allé au-devant d'un événement futur – si le mot événement n'est pas trop ambitieux pour désigner un fait aussi vulgaire.

Comment expliquer ce phénomène ?

Je le laisse à plus habile que moi. »

– Et, monsieur l'abbé, demanda l'un des auditeurs, n'avez-vous jamais pu retracer une liaison quelconque entre ce fait et quelque autre circonstance subséquente ou antérieure ?

– Jamais, monsieur, répondit le missionnaire. Le fait est toujours resté pour moi d'une insignifiance absolue comme portée pratique ou suggestive, et ne peut se rattacher à rien de ce qui m'est arrivé avant ou après.

Et c'est bien ce qui m'intrigue le plus.

Si je pouvais voir là quelque avertissement, quelque signification bonne ou mauvaise, je conclurais au surnaturel, mais pas au mystère.

Tandis qu'en présence d'un fait sans valeur, sans conséquence et sans relation aucune avec quoi que ce soit, que voulez-vous penser ?

– Avez-vous lu Bodisco ? demandai-je à l'intéressant missionnaire.

– Non, monsieur.

– Eh bien, Bodisco, qui est un homme sérieux, un ancien ambassadeur russe, qui s'occupe beaucoup de ces choses mystérieuses, dans son livre intitulé *Traits de lumière,* expose une théorie bien curieuse relativement à ces visions d'événements futurs.

Il prétend que les faits, les abstractions même, ont comme les individus, des corps astraux dont l'existence perpétuellement instantanée serait indépendante du cours du temps, et pourrait, à un moment donné et dans des conditions spéciales, entrer en relation avec les âmes.

Suivant lui, cela expliquerait les prédictions.

– C'est hardi ! fit le missionnaire.

– Dame...

Les cloches de Pâques

Êtes-vous comme moi ? Moi, j'adore les légendes, autant que les enfants aiment les contes de fées.

Quand il n'est pas de l'intérêt scientifique d'en contester l'authenticité, je n'y toucherais pour rien au monde, même dans le but de rectifier un point d'histoire.

Mais il y a légende et légende.

Il faut que la légende soit jolie, touchante ou héroïque, il faut qu'elle soit auréolée de poésie. Sans cela, ce n'est qu'une vulgaire fausseté que l'on doit biffer d'un trait de plume, quand on le peut.

Oui, il y a légende et légende.

Autant il répugne à mon imagination d'entendre grogner un pourceau sur les talons de saint Antoine, autant ma rêverie s'éclaire et sourit à l'aspect de saint François d'Assise, servant la messe et se retournant au moment de l'Élévation pour imposer silence aux hirondelles, pépiant et voltigeant sous le dôme de Sainte-Marie-des-Anges.

Une légende bien gentille, bien fraîche, bien poétique, et que je serais bien fâché de voir disparaître de l'Évangile des petits enfants, c'est celle des Cloches de Pâques.

Les cloches de Pâques s'évadant silencieusement de leurs cages aériennes, dans la nuit lugubre du Vendredi-Saint, et, ainsi, que de grands oiseaux mystérieux, filant à travers l'espace jusqu'à la Ville-Éternelle, pour s'en revenir toutes gaies, tout enrubannées, légères et sonores, nous annoncer, de leurs carillons joyeux, la suprême et consolante nouvelle : *Resurrexit sicut dixit !*

Quand j'étais tout petit, tout petit, c'était là pour moi une des illusions les plus dorées, une des croyances les plus chères qui aient jamais bercé mon enfance et hanté ma cervelle de moutard enthousiaste et avide de merveilleux.

Le soir du Jeudi-Saint, les deux coudes sur l'allège de ma fenêtre, les deux poings dans les cheveux, comme pour mieux aiguiser l'intensité de mon attention, je regardais longuement, longuement, les grands clochers de Québec s'effacer et s'évanouir par degrés dans les ors estompés du crépuscule, et finalement disparaître dans la teinte uniforme et brumeuse de la nuit.

Alors, je voyais – oui, vous pouvez m'en croire – je voyais les grands clochers de Québec s'éclairer tout à coup comme d'une vague et phosphorescente lueur de rêve.

Les auvents des vieilles tours s'ouvraient d'eux-mêmes, ou tout au moins cédaient sous l'effort de mains invisibles.

Et, comme une volée d'oiseaux de bronze s'échappant des cavités sombres, les cloches, muettes depuis le matin, prenaient ensemble leur vol pour s'en aller se perdre au loin, bien loin, dans les profondeurs enténébrées du ciel.

Je les voyais comme je vous vois : les grosses, à l'essor plus pesant, tenant l'arrière-garde, et, gravement, ayant l'air de commander la manœuvre.

Les petites, plus alertes et plus légères, un peu folichonnes peut-être, voltigeant en avant, comme dans une envolée de jeunesse, toutes fières – je le devinais – de cette liberté d'un jour, avec l'immensité des airs pour domaine et pour limites.

Et quand la belle vision s'était éteinte dans les lointains nébuleux de la nuit tombée, je quittais ma chère fenêtre et j'allais me blottir frileusement sous mes couvertures, avec une émotion dont je sens encore le délicieux ébranlement.

Ô souvenirs d'enfance ! on a beau vieillir, comme vous nous tenez bien au cœur, à toutes les fibres du cœur !

Comme vous avez surtout de bons retours attendris !

À propos de retour, je n'ai jamais vu celui des cloches de Pâques. Elles revenaient trop tard pour qu'on me permît de rester debout à les attendre ; et trop tôt, le matin, pour que je pusse être témoin de leur rentrée triomphale dans les lanternes vides des grands clochers de Québec, dont les arêtes métalliques s'allumaient aux premiers feux du jour naissant.

Mais je sais qu'elles arrivaient de Rome, ointes et bénites par le pape, et mises comme des princesses, avec de longues écharpes de satin rose, des couronnes de diamants et de fleurs, et de belles robes d'or et d'azur flottant radieuses dans les airs irisés par les reflets de l'aurore.

Cette légende des Cloches de Pâques m'a toujours ravi ; mais je croyais sincèrement être le seul qui eût jamais assisté *de visu* au fantastique départ, lorsque hier matin, je vis venir à moi, toute souriante et battant des mains, ma petite Pauline.

Cinq ans ! juste assez d'âge pour converser avec une poupée, c'est-à-dire pour se laisser caresser par cette divine sylphide que les sages de ce monde ont surnommée la folle du logis ; mais, aussi, juste assez de connaissances pour, à un moment donné, se laisser entraîner par quelque parent de la sylphide jusque sur le terrain scabreux du mensonge.

– Papa, me dit-elle, devine ce que Pauline a vu cette nuit !

– Les cloches partir pour Rome, sans doute ! fis-je, dans l'intention d'intéresser la mignonne.

– Qui te l'a dit ?

– Mon petit doigt.

– Oh ! que c'était joli, papa ! s'écria-t-elle en tendant ses menottes dans un grand geste d'admiration.

– Où les as-tu vues, comme cela, les belles cloches ?

– Les ai vues sortir du clocher et des grandes tours, là-bas.

– Vraiment ?

– Oui, papa ; parties avec des ailes, dans le ciel.

– Ah !

– Oui, oui ! comme des oiseaux, c'était beau, beau !

– Il y a autre chose qui n'est pas beau du tout, et c'est ce que tu fais là, Pauline.

– Quoi ?

– Un mensonge.

– Un mensonge ? Non, papa, Pauline ne ment pas ; c'est la vérité.

– Pauline !

– Sûr, papa, sûr et certain !

– Écoute, ma fille, je ne puis pas te permettre de conter des histoires comme celle-là ; tu n'as pas vu les cloches partir pour Rome.

– Oui, papa, Pauline les a vues toutes, toutes ! fit l'enfant les larmes aux yeux et un sanglot sur les lèvres.

Devant cette insistance, et surtout cet air de sincérité, j'hésitais, désespéré, comme on le suppose bien, de voir mon enfant mentir avec un pareil aplomb.

Je tâchai de la faire revenir sur ses pas :

– Voyons, lui dis-je avec insinuation, écoute, ma chérie ; les cloches ne partent que la nuit, tu ne pouvais pas les voir sortir du clocher de Saint-Jacques et des tours de Notre-Dame. Il faisait trop sombre, et c'est trop loin...

– Ah ! mais, papa, Pauline les a pas vues comme ça, tiens, s'écria-t-elle en s'écarquillant les yeux avec ses petits doigts ; pas comme Pauline te regarde, toi !

– Qu'est-ce que tu veux dire ?

– Que Pauline les a vues les yeux fermés comme ça, tiens !

Et la petite fermait les yeux bien serrés.

– Quand Pauline ouvrait les yeux, voyait tout noir ! ajouta-t-elle.

Et j'embrassai la chère petite, franchement ému de reconnaître si bien chez elle la fille de son père.

Voilà la preuve, mes amis, qu'on peut fort bien voir s'envoler les cloches de Pâques ; il n'y a qu'à le vouloir.

Bonne année macabre

Vous êtes bien heureux, vous autres – la jeunesse d'aujourd'hui – fit le vieux médecin. On peut dire que les ortolans vous tombent tout rôtis dans le bec. C'est un plaisir que d'étudier la profession par le temps qui court. Vous avez des chaires, des professeurs spécialistes, des auteurs à foison, des instruments perfectionnés, des salles de dissection parfaitement aménagées et amplement pourvues de sujets. On fait sa médecine en se jouant maintenant. Quelle différence avec mon temps, grands dieux ! quand on était obligé de s'exposer à des coups de fusil pour avoir un cadavre, qu'il fallait disséquer dans un grenier ou dans une cave, sans autre conseiller que son livre ouvert devant soi, sans autre guide qu'un patron affairé qui venait vous regarder faire durant un quart d'heure toutes les semaines ! Ah ! oui, mes garnements, vous êtes bien heureux. On vous sert les aliments non seulement tout apprêtés, mais encore tout mastiqués. Pour être médecin, de nos jours, on n'a plus, Dieu me pardonne ! qu'à se laisser faire !

Je m'étais égaré ce soir-là – en 1862, je crois – parmi quelques étudiants en médecine qui se payaient le petit verre de *citron*, en l'honneur d'un vieux docteur de Saint-Gervais, qu'une forte bourrasque neigeuse – une de ces tempêtes d'hiver comme on n'en voit qu'à Québec – avait forcé de retarder d'un jour ou deux son retour aux pénates.

C'était un causeur tout à fait charmant ; et, s'il ne parvenait pas à nous convaincre que les études se faisaient maintenant toutes seules, il réussissait au moins à nous intéresser vivement.

– Vous avez donc, vous aussi, exhumé des cadavres pour la dissection ? demanda quelqu'un.

– Dame, répondit le vieillard, il le fallait bien.

– Violer les tombes, quelle horrible chose !

– À qui le dites-vous ! Aussi je vous prie de croire que ce

n'était pas pour nous une partie de plaisir. Nous aurions mieux aimé être à la noce. Mais devant la nécessité, voyez-vous...

– C'est égal, entrer dans un cimetière subrepticement, la nuit, ouvrir une fosse, briser un cercueil, toucher, déshabiller, porter ce cadavre glacé... brrr !...

– Sans compter qu'il y avait aussi des dangers matériels considérables à braver, ajouta l'un de nous.

– Eh oui, les chiens féroces, les balles de plomb, les procès, la prison...

– Avez-vous jamais eu d'alertes sérieuses ?

– Certes, oui !... Une fois surtout. Justement la veille du 1er janvier 1817. Cette nuit-là, je ne l'oublierai jamais de ma vie ! Non seulement je me suis cru à ma dernière heure, mais j'ai été témoin de la chose la plus épouvantable qu'un œil humain puisse jamais envisager.

– De grâce, docteur, nous écriâmes-nous, si vous voulez nous faire plaisir, racontez-nous cette aventure.

– Bien volontiers, messieurs, fit le vieux docteur. Passez-moi le pot à tabac, s'il vous plaît.

Ce pot à tabac, soit dit en passant, n'était ni plus ni moins qu'une tête de mort grimaçante, dont la bouche édentée laissait émerger un brûle-gueule culotté dans toutes les règles de l'art.

– Attendez ! fit le propriétaire du petit salon où nous étions un peu cordés comme des sardines, un nouveau verre de *citron* pour vous éclairer le verbe, docteur !

– On ne refuse pas ces bonnes choses-là, répondit le vieillard.

Et, après avoir consciencieusement vidé son verre, et bourré sa pipe à même le crâne, en disant : « Une bonne binette, ça me connaît ! » il fit flamber une allumette, lança quelques bouffées et commença son récit en ces termes :

– Vous êtes tous trop jeunes sans doute pour avoir connu le docteur Martineau du Château-Richer. Mais vous en avez peut-être entendu parler ; le pauvre diable s'est noyé dans le

Montmorency en 1842. Une affaire tragique.

« Lui et moi, nous étions camarades d'études et grands amis.

Un matin – c'était la veille du jour de l'An – Martineau arrive chez moi et me dit :

– J'ai quelque chose à te proposer.

– Explique-toi, lui répondis-je.

– Voici : je viens de recevoir une lettre de chez nous, qui m'apprend que notre fermier – un nommé Coulombe – a été enterré hier, au Château-Richer. Et, pensant que cela peut m'intéresser professionnellement, mon père me donne de curieux détails touchant la maladie du défunt. Le pauvre diable est mort en se prétendant rongé à l'intérieur par un crapaud. Le médecin a eu beau lui parler de tumeur, de cancer, que sais-je ; rien n'a pu le convaincre, il a cru à son crapaud jusqu'aux derniers moments.

– Eh bien, qu'est-ce que ça me fait tout ça ?

– Tu ne comprends pas ?

– Puisque l'homme est mort...

– Eh bien, c'est justement parce qu'il est mort.

– Qu'est-ce que tu me chantes donc là ?

– Je te chante un refrain bien connu en médecine, ce me semble. J'ai toujours compris que pour disséquer un homme, une des conditions préalables était qu'il fût mort.

– Ah ! c'est là que tu veux en venir ?

– Avec ta permission. Nous sommes au 31 décembre ; si tu le veux, le 1er janvier, à une heure du matin, Coulombe peut être rendu dans ton grenier.

– Mais ne dois-tu pas aller voir tes parents demain au Château-Richer ?

– Un moyen de plus pour détourner les soupçons.

Nous n'avions pas eu de sujets de dissection depuis

longtemps.

On m'offrait un individu mort d'une maladie plus ou moins mystérieuse.

La proposition était tentante.

La veille du jour de l'An, qui pourrait se méfier de quelque chose ?

Ce soir-là, à la campagne, chacun dort du mieux qu'il peut sur ses deux oreilles pour pouvoir se lever plus tôt le lendemain.

Quand les visites de famille commencent à quatre heures du matin, la précaution est bonne.

Enfin, après quelque discussion pour la forme, notre plan fut bientôt mûri, et l'expédition fixée pour le soir même.

Nous louâmes un bon petit cheval canadien attelé à un léger *berlot* de campagne ; et, à sept heures du soir, bien munis de tout ce qu'il fallait pour le voyage, nous trottions sur le chemin de Beauport, en route pour le cimetière du Château-Richer.

Il n'y avait pas de lune, mais le firmament était suffisamment clair pour que le trajet ne fût en aucune façon désagréable.

L'air était froid, mais pas trop vif ; en somme, une belle nuit d'hiver.

Ai-je besoin de vous dire que dans le nombre des objets nécessaires à l'expédition, nous comptions au premier rang deux bons flacons de jamaïque bien enveloppés et couchés soigneusement au fond du coffre de la *carriole* ?

C'est ce que nous appelions du courage en bouteille.

Et, pour ma part, je vous l'avoue franchement, messieurs, bien qu'un tant soit peu esprit fort, je regardais cette petite provision de courage spécial – dans des parties de ce genre – comme étant tout aussi indispensable que la pioche et la pelle.

C'est bête, si vous voulez, mais c'est comme ça !

Il en résultait, assez généralement, mes jeunes amis, que si nous faisions la besogne avec une certaine hardiesse, ce n'est pas cette hardiesse-là qui nous aurait aidés à passer nos examens.

Le soir dont je vous parle, surtout, il y avait du vent dans les voiles ! et quand Martineau eut franchi le mur du cimetière du Château-Richer, il prétendit n'avoir jamais eu l'idée que le cimetière de sa paroisse pût contenir autant de croix ; – ce qui me fit supposer qu'il les voyait peut-être doubles.

Je ne parle pas de moi : on n'est jamais bon juge dans sa propre cause.

Néanmoins, pour être franc, je vous avouerai volontiers que, s'il me fallait raconter dans tous les détails comment nous nous orientâmes, comment nous nous y prîmes pour ouvrir la fosse et sortir le mort de son cercueil, j'y parviendrais moins par un effort de mémoire que par un appel à mon imagination.

Quoi qu'il en soit, la besogne marcha suffisamment bien tout de même, à ce qu'il paraît, puisque nous procédâmes tous deux d'assez bonne humeur, malgré les difficultés.

Je me souviens même d'une plaisanterie de mon camarade, au moment où, avec des efforts à n'en plus finir, nous parvenions, à l'aide de nos cordes et à force de poignets, à hisser notre prise sur le chaperon du mur d'enceinte.

– Le pauvre diable ne se trompait pas, dit-il en faisant allusion à la maladie que s'attribuait le défunt, il a certainement le crapaud dans le corps !

La plaisanterie n'était pas du goût le plus recherché, mais quand on est forcé de dépouiller les cimetières, il faut bien rire un peu, n'est-ce pas ?

Malheureusement nous ne devions pas rire jusqu'à la fin du voyage.

Mais n'anticipons point.

Bref, avec de la persévérance, et le courage que nous puisions à petits coups à même le goulot de nos flacons, nous réussîmes à nous installer en voiture avec notre cadavre ; et bientôt après nous cheminions au grand trot vers Beauport.

Pour mieux dissimuler la nature de notre compagnon de

route, nous avions soigneusement ceinturé celui-ci dans un bon pardessus en peau de buffle – ce qui s'appelait alors « un capot de peau de carriole » ; nous lui avions enfoncé un *casque* sur les yeux ; puis nous l'avions solidement fixé au siège d'avant, dans l'attitude d'un voyageur un peu transi, mais aussi vivant que vous et moi.

Il fallait absolument être prévenu pour s'apercevoir que nous étions là en compagnie d'un citoyen de l'autre monde.

Et nous filions bon train.

Mais tout ce travail nous avait mis en nage, et nous grelottions un peu, bien que la température se fût considérablement adoucie.

– Il faut entrer à l'auberge du Sault, dis-je à mon camarade, le temps de nous faire accommoder une *ponce*, car ces refroidissements sont dangereux.

– Tu as raison, me répondit Martineau, mais où diable mettre le sujet durant ce temps-là ?

– Parbleu, nous le laisserons dans la voiture, sous la remise. Qui s'imaginerait que c'est un mort ?

– Au fait, nous ne serons qu'un instant.

– Parbleu !

Il pouvait être quelques minutes après onze jeures, lorsque nous entrâmes à l'auberge, avec des allures un peu tapageuses, ainsi qu'il convient à tout étudiant de vingt ans en escapade ou en goguette.

À notre entrée, nous remarquâmes je ne sais quel furtif remue-ménage ; nous crûmes même entendre quelques *chut ! chut !* discrets, accompagnés de pas précipités qui semblèrent s'éloigner par une porte du fond.

Ces détails n'attirèrent que très peu notre attention sur le moment ; ce ne fut que plus tard, en nous rappelant les circonstances de la soirée, que nous en comprîmes l'importance.

Nous nous fîmes servir, mon camarade et moi, chacun un bon grog bien chaud ; et, comme nous n'avions pas plus de raisons que d'envie de nous attarder, nous remontâmes en voiture ; et fouette cocher du côté de Québec, avec toujours notre individu raide comme une barre, droit devant nous, attaché sur son siège.

À l'époque dont je vous parle, la cathédrale de Québec possédait une horloge qui sonnait les heures, et dont on voyait encore récemment le cadran sans aiguilles, aux facettes du clocher.

Je vous l'ai dit, le froid s'était adouci, et l'atmosphère, imprégnée d'humidité, était devenue étrangement sonore.

Les mille bruits du lointain nous arrivaient avec une netteté extraordinaire.

Le temps était *écho*, comme on dit dans nos campagnes.

De plus, il nous venait par moments de l'ouest comme une légère brise de printemps.

Nous ne fûmes donc pas surpris, en arrivant sur les hauteurs de Beauport, d'entendre la cloche de la cathédrale de Québec sonner lentement douze coups, qui se répercutèrent sur les bois, les coteaux et les maisons de la côte, avec de petits tremblements très doux et très mystérieux.

— Minuit ! m'écriai-je ; Martineau, souhaitons-nous la bonne année !

— Souhaitons-nous la bonne année ! répondit en se levant Martineau, chez qui la *ponce* avait le privilège de provoquer des épanchements enthousiastes.

Et, debout tous les deux, le cœur fou de jeunesse effervescente, et la tête un peu perdue dans les vapeurs de l'alcool, emportés vers la ville au trot fringant de notre vaillant petit cheval qui faisait sonner joyeusement ses grelots, nous tombâmes dans les bras l'un de l'autre.

— Bonne année, mon vieux !

— Je te souhaite, fiston !

— Bonne et heureuse, mon cousin !

(*Mon cousin et ma cousine* constituaient les appellations les plus affectueuses du temps.)

– Bonne année !

– Bonne année !

– Bonne année !

Et nous nous tapions dans le dos à cœur joie, le givre de nos favoris – car on ne portait pas de moustaches à cette époque – se mêlant à celui que la buée avait brodé sur nos fourrures.

Enfin l'effusion passée, nous nous dégageâmes l'un de l'autre, et nous nous retournâmes...

Non, je sais pas si je dois continuer.

Vous allez rire, messieurs.

Et pourtant, après quarante-cinq ans bien comptés, rien qu'au souvenir de ce que j'aperçus alors en me retournant, je me sens encore dresser les cheveux et figer le sang dans les veines.

Mon compagnon s'était affaissé dans mes bras avec un cri d'inénarrable épouvante.

Et j'étais là, stupéfié, horrifié, pétrifié, fou de terreur, devant le plus impossible des cauchemars.

Notre sujet de dissection, le cadavre que nous avions retiré raide et à moitié gelé du fond du cimetière, l'homme inhumé depuis deux jours, et avec qui nous voyagions depuis trois heures, debout lui aussi, retourné sur son siège, ricanant je ne sais plus quels souhaits de bonne année, tendait ses deux bras vers nous, comme pour se mêler à notre embrassement...

J'eus la force de me laisser tomber sur la route en entraînant mon camarade Martineau, qui, sans être précisément évanoui, n'en valait guère mieux.

Pas besoin de nous demander si nous étions dégrisés.

– Kek ! kek ! kek !...

Quelques claquements de langue.

Deux ou trois bons coups de fouet.

Voilà tout ce que nous entendîmes.

Notre voiture fila seule vers Québec, conduite par le cadavre vivant ; et nous dûmes poursuivre notre route à pied, plus morts que vifs, harassés de fatigue et croyant voir surgir des fantômes à chaque détour du chemin.

Notre cheval se retrouva, le matin, encore tout attelé, sa peau de buffle sur le corps, dans la cour de celui qui nous l'avait loué.

Nulle trace du cadavre !

Voilà, messieurs, fit le vieux docteur en concluant, les aventures auxquelles on était exposé, de notre temps, quand on voulait étudier la médecine. »

– Mais finissez votre histoire ! m'écriai-je ; expliquez-nous...

– Le fait est, messieurs, reprit le vieux médecin, que je n'eus jamais aucune explication catégorique de ce qui nous était arrivé.

Nous devions nécessairement avoir été les victimes de confrères étudiants, qui ayant eu vent de notre expédition, avaient décidé de nous enlever notre capture.

Pendant notre séjour dans l'auberge du Sault – et c'est ce qui expliquerait les chuchotements mystérieux que nous avions entendus en y entrant – ils avaient dû s'emparer de notre sujet, et installer un d'eux à la place du cadavre.

Voilà !

Si vous avez une meilleure explication à me fournir, je suis prêt à l'accepter.

En tous cas, je n'oublierai jamais de ma vie le premier de l'An 1817.

L'homme rouge

Il y a maintenant plusieurs années, quelqu'un m'écrivit pour me demander si je pouvais le renseigner sur ce qu'on appelle en France le *Petit homme rouge des Tuileries*.

J'avais bien comme un vague souvenir d'avoir lu quelque chose au sujet de ce mystérieux personnage – dans certain roman historique d'Alexandre Dumas peut-être ; mais je ne pus trouver rien de précis au fond de ma mémoire.

Et comme les encyclopédies que j'avais sous la main ne purent me fournir aucun renseignement satisfaisant sur le sujet, je dus avouer à mon correspondant l'impuissance où j'étais de l'éclairer.

Or, le hasard m'a fait trouver, depuis, ce que j'avais alors vainement cherché.

Voici ce que rapportent les chroniques :

Le petit Homme rouge des Tuileries était un être fantastique, une espèce de diablotin qui, disait-on, hantait les combles du château, circulait dans les murs, et dont l'apparition annonçait toujours quelque grand malheur aux souverains qui l'habitaient.

Voici comment un poète du temps le décrit :

Vous figurez-vous
Ce diable habillé d'écarlate,
Bossu, louche et roux ?
Un serpent lui sert de cravate ;
Il a le nez crochu ;
Il a le pied fourchu,

Sa voix rauque en chantant présage
Au château grand remue-ménage...

On sait que le palais des Tuileries fut construit par Catherine de Médicis.

À peine la fameuse reine fut-elle installée dans les appartements encore inachevés, qu'elle prit son nouveau domicile en horreur, et l'abandonna pour toujours.

Elle prétendit qu'un petit monstre rouge s'était établi dans le palais, s'y faisant visible ou invisible à volonté, et s'était constitué comme le génie familier de la demeure royale.

Il lui était, disait-elle, apparu, et lui avait prédit qu'elle mourrait *près de Saint-Germain.*

Or les Tuileries se trouvaient à deux pas de Saint-Germain-l'Auxerrois ; donc, adieu les Tuileries !

Interdite aussi toute visite à Saint-Germain-en-Laye.

Il fallut même s'abstenir de passer les ponts, pour ne pas s'approcher de la célèbre abbaye de Saint-Germain qui s'élevait alors du côté de la porte Bucy.

Mais on n'évite pas sa destinée.

Se voyant près de mourir en son hôtel de Soissons, qu'elle avait fait construire près de l'église de Saint-Eustache, la vieille reine voulut savoir le nom du bénédictin qui venait de la confesser.

– Laurent de *Saint-Germain*, dit le moine.

La reine jeta un cri, et mourut.

Le petit Homme rouge se montra dans la nuit du 14 mai 1610, jour où Henri IV tomba sous le couteau de Ravaillac.

Il prédit les troubles de la Fronde à Louis XIV encore enfant.

Le matin qui suivit le départ de Louis XVI pour Varennes, où il fut arrêté, on trouva le mystérieux personnage couché dans le lit du roi.

On le vit encore en 1793.

On prétend même qu'une sentinelle, qui avait été préposée à la garde des reliques de Marat exposées en face des Tuileries, mourut d'épouvante à l'aspect du fantôme.

Plusieurs ont raconté que Napoléon était souvent visité par un esprit familier qui l'avait pris sous sa protection et lui donnait des conseils.

Ce n'était autre, assure-t-on, que le petit Homme rouge des Tuileries.

On dit qu'il lui apparut pour la première fois au Caire, quelques jours après la bataille des Pyramides ; et il aurait alors prédit au jeune général sa vertigineuse fortune.

Le comte de Ségur, dans son *Histoire de la Grande Armée*, dit que, souvent, au milieu de la nuit, pendant l'hiver qui précéda la campagne de Russie, le grand empereur reçut des avertissements mystérieux.

On trouve dans le *Recueil d'anecdotes sur Napoléon et sa cour par un chambellan*, le passage suivant, reproduit par G. Lenôtre, à qui j'emprunte une partie de ces détails :

« Dans le mois de janvier de ladite année, l'Homme rouge, s'adressant à un factionnaire placé dans l'escalier du château, lui demanda s'il pouvait parler à l'empereur.

« Le soldat ayant répondu négativement, le démon l'avait poussé et rendu immobile, puis était monté rapidement.

« Arrivé au salon de la paix, nul n'ayant osé l'arrêter, ou peut-être ne l'ayant pas vu, l'esprit s'adressa à un chambellan, et lui demanda s'il pouvait parvenir jusqu'à Napoléon.

« Le comte d'A... lui observa qu'il ne pouvait guère l'introduire s'il n'avait pas une permission d'audience.

« – Non, je n'en ai pas ; mais allez lui dire qu'un homme vêtu de rouge, qu'il a connu en Égypte, demande à le voir.

« Dès que Napoléon eut vu paraître l'Homme rouge, il

l'amena dans son cabinet particulier, où il s'enferma avec lui.

« La conversation fut longue ; quelques mots furent entendus ; la voix de l'empereur était suppliante ; il semblait demander une faveur qu'on lui refusait.

« Enfin, la porte s'ouvrit, l'Homme rouge sortit, traversa avec vitesse les salles, et se perdit dans le grand escalier, que les suisses ne lui virent pas descendre.

« Quelque peu de foi qu'on puisse accorder à une pareille aventure, il n'en est pas moins vrai que le bruit s'en répandit dans Paris ; on la répétait dans les salons, et je connais plus d'une personne que la police fit arrêter pour l'avoir racontée. »

Sous la Restauration, le petit Homme rouge se fit voir quelques jours avant l'assassinat du duc de Berry.

Il se montra aussi à Louis XVIII mourant.

Et au moment où Charles X, après avoir déchiré la Charte, allait s'enfuir devant l'indignation populaire, Béranger chantait :

Soyez tous instruits,

Enfants, mais qu'ailleurs on l'ignore,

Que depuis trois nuits

L'Homme rouge apparaît encore...

Où le petit Homme rouge s'est-il niché depuis que Louise Michel a incendié son domicile, et maintenant que les quinconces verdissent sur l'emplacement où s'éleva le fameux palais des rois et des césars ?

La messe du revenant

J'ai déjà dit quelque part combien sont nombreux les points de rapprochement qu'on remarque entre nous et les Bretons de la Loire Inférieure, ceux que les Bretons du Morbihan – la vraie Bretagne bretonnante – nomment avec une nuance de mépris les « Gallos ».

Un de ces points de rapprochement, c'est une similitude frappante, dans les récits populaires, entre leurs légendes et quelques-unes des nôtres.

Il n'y a pas à s'y tromper, elles portent évidemment le cachet d'une origine commune.

Dans une conférence faite devant l'Institut canadien de Québec, en 1877, le regretté M. Chauveau nous raconte une vieille légende dont la scène se passe dans la paroisse de l'Islet.

C'est celle d'un prêtre, mort depuis cinquante ans, et qui, tous les soirs, au coup de minuit, apparaît à l'autel en habits sacerdotaux pour dire une messe qu'il est forcé de remettre sans cesse au lendemain faute de servant pour réciter les répons.

Ce prêtre est sans tête ; cette messe lui a été imposée, en punition des distractions et pensées frivoles qu'il s'est permises à l'autel, en son vivant, dans l'exercice de son ministère.

Une nuit, le hasard veut qu'un élève du séminaire de Québec couche dans l'église et soit témoin de l'apparition.

Frappé de stupeur, il s'empresse d'aller rapporter le fait au curé de la paroisse, qui le conjure de s'enfermer de nouveau dans l'église, et d'avoir le courage de dire les répons de cette messe macabre.

L'enfant se dévoue, et sauve le malheureux prêtre des flammes du purgatoire.

Cette histoire est populaire dans nos campagnes.

Eh bien ! laissez-moi vous répéter maintenant ce que j'ai entendu raconter dans la Bretagne nantaise.

À une demi-heure de marche du Pellerin, gros bourg situé sur la rive gauche de la Loire, à cinq lieues de Nantes, à peu près, se trouve une ancienne chapelle qu'on nomme la chapelle de Bethléem.

C'est une petite bâtisse carrée appartenant au style gothique de la première époque, et dont on fait remonter la construction au temps des Croisés.

Elle est sise au bord de la grand'route qui circule ici en plein bois, entre un coteau couronné de grandes futaies, et un ravin qui se creuse en face, mystérieux et solitaire.

Au mur latéral du petit temple, dans une niche grillée, au-dessus d'une fontaine tarie, on a placé une madone en plâtre, devant laquelle les paysannes et les chevrières du voisinage ne manquent jamais de se signer en passant.

Sous l'ogive de la porte principale, il y a une claire-voie qui permet d'apercevoir vaguement ce qui peut se passer à l'intérieur.

Dans le siècle dernier, le chemin royal ne suivait pas cette direction ; et c'est sa position isolée au milieu d'un bois qui, sous la Révolution, sauva l'humble sanctuaire du sort qu'on fit subir à toutes les églises des environs.

On prétend que cette chapelle fut construite par quelque châtelain ou châtelaine de l'endroit, au temps des Croisades, en accomplissement d'un vœu quelconque.

Vous concevez que l'imagination populaire n'a pas manqué de broder un peu là-dessus.

Il existe même un roman qui porte ce titre : *La Chapelle de Bethléem*.

L'auteur, Mme d'Isole, me contait en riant que des antiquaires et archéologues de Nantes s'étaient passionnés pour ce récit, étaient allés faire des fouilles sur les lieux, et prétendaient avoir retrouvé des restes de tombeaux et les traces d'un château qui n'avaient existé que dans le cerveau du romancier.

Et remarquez que ces savants tenaient l'auteur lui-même au courant de leurs découvertes avec un empressement... et des détails...

Si bien que l'écrivain finit par se demander un jour – comme le Marseillais qui avait annoncé l'apparition de la fameuse baleine – si par hasard il n'avait pas deviné juste.

Mais revenons à ma légende.

Un certain jour de la Toussaint, une dame du Pellerin, qui voulait se trouver à Nantes de très bonne heure, le lendemain, pour faire ses dévotions du jour des Morts, avait donné ordre à un cocher de venir la prendre à la pointe du jour.

Or, il n'était pas encore minuit, que tous deux trottaient dans la direction de Nantes.

Le cocher avait pris les vagues clartés de la lune levante pour les premières lueurs de l'aube. Il avait éveillé la dame, et ils s'étaient mis en route.

De telle sorte qu'ils se trouvèrent à passer devant la chapelle de Bethléem à minuit juste.

À leur grande surprise, la chapelle était éclairée.

Qu'est-ce que cela signifiait ?

On n'était pas entré là depuis des années ; cela tenait du mystère pour sûr.

– Voudriez-vous aller voir ce qu'il y a ? demanda la dame à son cocher.

– Ah ! dame, oui !

– Vous n'avez pas peur ?

– Ah ! dame, non !

En Bretagne on ne dit jamais ni un oui, ni un non, sans le faire précéder du mot *dame*. C'est de rigueur.

Toujours est-il que le cocher, en homme qui n'avait pas froid aux yeux, descendit de voiture, et se dirigea tout droit vers la porte de la chapelle, d'où – je l'ai dit plus haut – on pouvait inspecter l'intérieur.

Mais à peine avait-il collé depuis quelques instants son œil à la vitre, que le pauvre homme tombait à genoux, puis remontait précipitamment en voiture en disant :

– Sauvons-nous !

Voici ce qu'il avait vu et entendu :

Au premier coup d'œil, à la lueur des cierges allumés sur l'autel, il avait aperçu un prêtre en chasuble debout aux pieds des degrés, et qui disait d'une voix plaintive et lugubre :

– *Introibo ad altare Dei !*...

Trois fois le prêtre répéta ces dernières paroles du service divin, en faisant une longue pose à chaque reprise.

La troisième fois, il attendit un peu plus longtemps, la tête penchée en avant comme sous le coup d'un accablement désespéré ; puis il se retourna lentement pour regarder autour de lui...

C'est à ce moment-là que le cocher était tombé à genoux, les cheveux dressés d'épouvante.

Ce prêtre avait une tête de mort !

En une seconde, la vision avait disparu, et l'intérieur de la chapelle était rentré dans les ténèbres.

Comme dans la légende canadienne, de retour chez lui, le cocher, tout abasourdi, alla rapporter à son curé ce dont il avait été témoin.

Le prêtre devint pensif.

– Aurais-tu le courage d'y retourner ? demanda-t-il après un instant de silence.

– Y retourner ?... ah ! mon Dieu !

– Pour sauver une âme du purgatoire ?

– Quand ?

– L'année prochaine, à pareille date et à pareille heure.

– Vous me faites trembler !... et pourquoi faire ?

– Pour sauver cette âme en disant les répons de la messe.

– Je ne les sais pas.

– Je te les enseignerai.

Le pauvre homme accepta avec courage sa mission de dévouement.

L'année suivante, le soir de la Toussaint, à minuit, il était là, seul, debout dans la porte de la chapelle solitaire, tremblant de tous ses membres, mais résolu à tout braver pour l'amour de Dieu et du devoir.

Tout à coup la chapelle s'éclaira, le prêtre fantôme apparut dans la porte de la sacristie, et, le calice à la main, vint se placer en face de l'autel.

– *Introibo ad altare Dei !* dit-il de sa voix lugubre.

– *Ad Deum qui lætificat juventutem meam !* répondit une voix qui venait du fond de la chapelle.

C'était le brave cocher qui, dominant la peur, répondait avec intrépidité à cet appel de l'autre monde.

Les deux voix alternèrent longtemps.

– *Dominus vobiscum !* disait le prêtre en tournant vers la nef sa bouche sans lèvres et ses orbites sans yeux.

– *Et cum spiritu tuo !* répondait l'autre voix toute tremblante d'émotion et de terreur.

Et la messe continua ainsi jusqu'au bout.

Au moment de la bénédiction, le fantôme se retourna une dernière fois ; la tête de mort hagarde et grimaçante avait disparu pour faire place à une figure vaguement lumineuse et empreinte d'une ineffable expression de sérénité.

Et le cocher, agenouillé sur le seuil de la petite chapelle des bois, entendit une voix aux intonations célestes, qui disait :

– J'étais condamné à venir ici tous les ans dans la nuit de la Toussaint, jusqu'à ce qu'il se trouvât une âme charitable pour m'aider à dire une messe négligée par moi lorsque j'étais sur la terre. Il y a six cents ans cette nuit que mon châtiment dure. Qui que vous soyez, je vous dois mon salut ; soyez bénis, vous et les vôtres, jusqu'à la septième génération !

Et faisant de la main une grande croix dans le vide, le prêtre ajouta :

– *Benedicat vos omnipotens Deus, Pater et Filius et Spiritus Sanctus !*

Et, le dernier Évangile récité, la vision disparut.

Or, depuis cette époque, dit en concluant la personne qui me faisait ce récit, suivant la promesse du revenant, la bénédiction du ciel a paru s'attacher tout spécialement à cette famille, que tout le monde connaît au Pellerin. Tous ses membres ont prospéré d'une façon remarquable.

Maintenant croira qui voudra à cette légende.

En la racontant dans ses détails, j'ai voulu seulement signaler la curieuse ressemblance qui existe entre le récit breton et celui de M. Chauveau, ressemblance qui démontre que les deux récits, malgré leur localisation si différente, ont évidemment la même origine.

Les fiancés du hasard

Dans l'hiver de 1869, j'habitais, avec un compatriote, une pension située rue Madison, à Chicago, où nous avions une excellente table d'hôte, autour de laquelle se rangeait, à heures fixes, une très aimable compagnie, et sur laquelle une bonne cuisinière – chose rare à cette époque dans la future métropole de l'Ouest – nous servait des petits plats que nos estomacs français n'avaient pas trop de peine à digérer.

Le soir arrivé, nous nous réunissions souvent au salon, à la douce chaleur d'un bon feu de grille ; et là, pendant que quelqu'un de nous faisait un peu de musique, nous devisions à bâtons rompus sur tout, et d'autres choses encore.

Au nombre des pensionnaires de l'établissement, et parmi les plus assidus à ces petites réunions de coin du feu – si précieuses pour ceux qui n'ont pas d'intérieur ni d'autre foyer – se trouvait un couple fort intéressant de jeunes mariés : M. et Mme Parker.

La femme, une charmante brunette de vingt et un à vingt-deux ans, très fraîche, très intelligente, très bien mise et habile musicienne, aurait pu être un ornement dans la société la plus choisie.

Pour le moment, elle se contentait d'être l'épouse très attentive – et aussi très choyée – d'un ancien lieutenant de l'armée du Nord, un jeune homme de grande distinction et d'une physionomie des plus agréables, mais que les hasards de la guerre avaient terriblement maltraité.

Il avait eu le bras gauche emporté par un biscayen, et il ne lui restait plus que deux doigts de la main droite.

Les circonstances m'avaient lié avec les deux jeunes gens, que cette particularité rendait à mes yeux tout spécialement intéressants.

Je me représentais souvent avec un étonnement assez naturel, on en conviendra, cette jeune fille si jolie, si brillante, et de famille haut placée – cela se voyait du premier coup d'œil – s'agenouillant au pied de l'autel pour consacrer sa jeunesse et sa vie à cette bonne œuvre : consoler un pauvre infirme des injustices du sort !

Cela fleurait le roman, et je sentais là une de ces idylles du cœur d'autant plus attendrissantes qu'elles sont plus intimes et plus cachées.

Naturellement, le sujet était trop délicat pour que je permisse à ma curiosité d'y faire la moindre allusion.

Je me contentais de rendre hommage à ce bonheur qui, pour avoir ses côtés énigmatiques, n'en était pas moins réel, en y mêlant seulement la note sympathique de ma discrète admiration.

Un soir que notre petit cercle de famille s'était formé comme à l'ordinaire autour des chenets, la conversation se prit à rouler, d'une chose à l'autre, sur les phénomènes du magnétisme et les histoires de spirites et de médiums.

– À propos, fit quelqu'un de New York, qui se trouvait avec nous ce soir-là, il paraît que vous avez ici une fameuse voyante.

– Où ça ?

– À Chicago.

– Depuis quand ?

– Je n'en sais rien ; mais elle fait parler d'elle au loin ; elle a ses annonces en permanence dans tous les grands journaux de New York, de Philadelphie et de Boston.

– Et que fait-elle d'extraordinaire ?

– Elle fait comme toutes les voyantes, elle tire l'horoscope, prédit l'avenir, fait des mariages.

– Bah !

– Dame, c'est au moins ce qu'elle prétend.

– Et elle travaille par la poste ?

– Il paraît.

– Et les consultations sont payables d'avance, naturellement. Comment ces coquines-là peuvent-elles encore trouver des dupes ?

– La bêtise humaine, que voulez-vous ?

– Le fait est qu'elle est incommensurable, la bêtise humaine.

– Il ne faudrait pourtant pas trop médire de ces voyantes, intervint Parker en souriant.

– Comment, vous croyez donc à ces thaumaturges-là, vous ? demandai-je à l'ex-lieutenant.

– Pourquoi pas ? puisque c'est à l'une d'elles que je dois mon mariage avec Miss Emma Dix, ici présente !

– Vous plaisantez !

– Pas le moins du monde !

– Rien de plus vrai, fit Mme Parker elle-même ; nous devons notre mariage à une voyante de Buffalo.

Puisque la conversation prenait cette tournure, la curiosité devenait permise.

– Ma foi, dis-je enchanté de l'aubaine, puisqu'il y a roman sous roche, mon lieutenant, nous ouvrons les oreilles et réclamons les détails. Vous nous les devez, ne serait-ce que pour confondre les incrédules comme moi.

– Je ne fais pas un mystère de la chose, reprit l'ex-soldat du Nord. L'histoire n'est pas longue, et je prie ma femme de me reprendre, si j'oubliais ou confondais quelques particularités.

En décembre 1864, au moment où la guerre de Sécession tirait à sa fin, j'appartenais au 12e régiment d'infanterie de New York, commandé par le colonel Sutherland.

Ce régiment faisait partie de l'héroïque armée de Sherman, qui venait de s'emparer de Savannah, après une des marches les plus savantes et les plus audacieuses dont l'histoire des guerres fasse mention.

Nous prîmes là un mois de repos bien gagné, avant de nous diriger sur Richmond, où, le 1er avril suivant, la fatalité devait me coucher sur le champ de bataille à moitié mort et mutilé pour la vie.

Durant ces jours de loisirs, ce fut, parmi les officiers, à qui inventerait quelque nouveau truc pour tuer le temps.

Il n'y avait point d'enfantillages auxquels nous ne nous livrions pas.

C'était une course au clocher pour toutes les fumisteries, toutes les insanités qui peuvent traverser le cerveau d'une jeunesse heureuse de n'avoir plus à risquer sa peau à toutes les heures du jour, et avide d'aventures joyeuses.

Un matin, il nous tomba sous les yeux un journal de Cincinnati contenant l'annonce suivante :

MME D. BOTHWICK ALLAN

VOYANTE

Chambre 12, Bloc Otis, No 42, rue Jefferson, Buffalo, N. Y.

Tout célibataire qui lui fera parvenir trois cheveux à lui, avec date de naissance et adresse, dans une enveloppe contenant en outre 50 cents en greenbacks ou en timbres-poste, recevra de Mme Allan la photographie de la personne qu'il doit épouser.

– Ah ! ah ! ah !...

– Elle est bien bonne !

– Si nous écrivions ! fit en riant quelqu'un.

– C'est une idée !

– Par curiosité pure.

– Histoire de s'amuser.

– Le fait est que la somme à risquer n'est pas ruineuse.

– Pour ça, non !

– Et puis, ce sera peut-être drôle.

– Écrivons ?

– Écrivons !

Bref, deux de mes camarades et moi nous écrivîmes à la voyante en nous conformant à toutes les exigences de l'annonce, et surtout sans oublier les cinquante sous.

Et nous attendîmes.

Ce ne fut pas long.

Le retour du courrier nous apporta, quelques jours après, trois lettres contenant chacune la photographie d'une jeune fille.

Celle qui m'était dévolue ne me disait absolument rien.

Belle tournure, jolie personne ; mais... ni vue ni connue !

– Tiens, dit notre chirurgien-major – un jeune médecin de Boston, qui était mon ami – mais je connais celle-ci.

C'était la mienne.

– Possible ? fis-je tout curieux.

– Certainement je la connais ! c'est Miss Emma Dix, de Boston ; je vous ferai faire sa connaissance quand vous voudrez ; c'est la cousine de ma femme.

– Emma Dix ! fis-je à part moi, je me souviendrai de ce nom-là.

Hélas ! ajouta le conteur avec un geste tristement significatif, quand je visitai Boston, deux ans après, dans l'état où vous me voyez, je ne songeais guère à mettre la destinée en demeure de remplir la promesse qu'elle m'avait faite.

Le nom d'Emma Dix était depuis longtemps relégué, avec la photographie, dans le recoin des souvenirs sans conséquence – comme ces vieux livres dont on a lu le titre par hasard, qui n'ont aucun intérêt pour vous, et dont on ne songe même pas à feuilleter la préface.

Pourtant, je mentirais si j'affirmais que je ne tressaillis pas un peu, lorsque j'entendis mon ancien camarade me dire tout joyeusement :

– Eh bien, vous vous rappelez ? La cousine de ma femme ; je lui ai assez parlé de vous, allez !

– Que voulez-vous dire ? fis-je hypocritement.

– Vous ne vous souvenez pas ?

– Non !

Je mentais comme un arracheur de dents, vous comprenez.

– Comment, insista mon ancien camarade, vous ne vous souvenez pas d'Emma Dix, dont la voyante de Buffalo vous a envoyé la photographie à Savannah ? La jeune fille que vous devez épouser, enfin !

– Ah ! fis-je, en effet, je me rappelle quelque chose de ce genre-là, vaguement ; mais il ne faut pas faire de plaisanteries sur ce sujet, n'est-ce pas ?

– Qu'appelez-vous plaisanteries ? Je ne plaisante point. Elle brûle de vous connaître ; et je tiens à vous présenter. Et tenez, parbleu ! cela tombe bien, car la voici !

Au même instant, la porte du salon s'ouvrait, et laissait passer la femme de mon ami, avec Miss Emma Dix, qui, en entendant mon nom, rougit un peu, comme c'était son devoir, et laissa tomber sur le pauvre invalide un regard affectueux qui ne s'est jamais démenti depuis.

Et maintenant, conclua l'ami Parker, n'ai-je pas un peu raison de prétendre qu'il ne faut pas trop médire des tireuses d'horoscope ?

– L'histoire est vraiment jolie, fis-je, en repassant dans ma mémoire quelques-unes des suppositions qui m'avaient déjà roulé dans la tête en présence de ces deux époux si étrangement assortis ; et vous avez conservé ce portrait, sans doute ?

La jeune femme ne fit qu'un bond du salon à sa chambre à coucher, et revint un instant après avec une carte photographique à la main, en nous disant :

– Le voici, messieurs.

Nous nous approchâmes pour examiner avec curiosité.

– Trouvez-vous que cela me ressemble beaucoup ? ajouta Mme Parker avec un sourire quelque peu énigmatique.

– Oui, oui, certainement ! s'écria-t-on à la ronde.

– Oui, sans doute, remarquai-je à mon tour ; et pourtant... attendez... Plus j'examine avec attention, et plus je trouve à cette ressemblance quelque chose de vague... d'indécis... on serait tenté de dire *d'étranger*, malgré la bizarrerie de l'expression. Tenez, si je ne savais pas Mme Parker fille unique, je croirais à une sœur... plus âgée... Qu'en dites-vous ?

– C'est ma foi vrai, dit quelqu'un.

– C'est aussi mon avis, fit un autre.

Mme Parker souriait toujours avec ses belles dents blanches.

– La chose est bien facile à expliquer, dit-elle enfin, en parlant avec lenteur et en accentuant chaque syllabe, ce n'est pas Emma Dix qui a posé pour cette photographie.

– Que voulez-vous dire ?

– Que cette photographie n'est pas de moi.

– Pas de vous ?

– Nullement ; elle a été prise à Buffalo, comme vous voyez ; or, je n'ai jamais mis le pied dans cette ville.

– Mais de qui est-elle donc ?

– Je n'en sais rien.

– Vous n'en savez rien ! mais alors !...

– Mais alors... C'est bien ce qui fait le côté curieux de l'histoire !

Et la ravissante jeune femme alla déposer un affectueux baiser sur le front de son mari, qui n'en parut pas plus offensé qu'il ne fallait.

Une prédiction

Au cours de l'hiver de 1871, une rumeur singulière se répandit dans Chicago, où j'habitais alors.

Le palais de Justice était hanté.

Un revenant y faisait des siennes.

Si bien que ni concierge, ni gardiens ne voulaient plus passer la nuit là.

Aussitôt que le dernier coup de minuit avait sonné au beffroi – c'est le moment de rigueur comme on sait – dans presque toutes les pièces du vaste édifice s'élevaient des bruits étranges, des cris lugubres, des plaintes à glacer le sang dans les veines.

On affirmait qu'un grand fantôme blanc se promenait en même temps dans les corridors sombres, traînant de longues chaînes, et faisant entendre d'inénarrables lamentations.

On allait même jusqu'à mentionner le nom d'un individu mort en prison, quelques années auparavant, dans des circonstances tragiques...

Bref, toute la ville était en émoi.

Chaque jour, les journalistes, les officiels, et une foule d'autres curieux en quête d'émotions, assiégeaient les bureaux du shérif, tous voulant se rendre compte de ces faits graves, en les appréciant *de visu*.

Le travail d'investigation fut parfaitement organisé.

Les chronomètres bien réglés les uns sur les autres, on se partageait par groupes, et l'on se dispersait dans presque tous les coins de l'édifice.

Ce n'était pas l'espace qui manquait, les quatre ailes de l'immense construction s'ouvrant sur quatre rues différentes.

Aussitôt que le bruit commençait, des sténographes notaient tout avec soin, indiquant l'heure à la seconde.

Quand on se retrouvait ensemble, on constatait avec stupéfaction que les manifestations avaient été exactement les mêmes, et s'étaient toutes produites au même instant précis.

C'était des *hou hou* prolongés, des hurlements, des appels désespérés où l'on distinguait vaguement les mots de *Dieu*, de *secours*, de *meurtre, etc.*

Cela venait quelquefois du plafond ; quelquefois cela semblait résonner dans les cloisons ; dans certaines chambres, on aurait dit que cela sortait de partout.

Les hommes les plus sérieux ne savaient que penser.

Plusieurs d'entre eux entraient, bien décidés à découvrir les mystificateurs, et sortaient confondus, la pâleur sur la figure.

Tous les matins, les journaux nous arrivaient avec des pages entières, relatant, dans les plus grands détails, tout ce qui s'était passé durant la nuit au palais de justice.

Cela dura trois semaines.

Dans tous les États de l'Union, on ne parlait plus que du *Chicago Court House Ghost*.

Les spirites, on le conçoit, ne manquèrent pas une si belle occasion de montrer leur savoir-faire, et le public, de son côté, était ravi de mettre leur science à l'épreuve.

Un soir, il y avait foule, et, à titre de journaliste, j'étais du nombre.

Une vieille médium nommée Allan avait offert ses services ; et la voilà, les yeux fermés, la bouche ouverte, toute tremblante, en communication avec le spectre.

Après une de ses transes, qui duraient près d'une demi-heure chacune, et pendant lesquelles on l'entendait marmotter mille choses plus ou moins incompréhensibles, la vieille sibylle se lève droite et pâle, étend solennellement la main devant elle, et s'écrie :

– L'esprit me charge de vous dire ceci : avant douze mois écoulés, la ville de Chicago périra dans un cataclysme épouvantable.

Le lendemain plus de revenant.

Et le 6 octobre de la même année, Chicago était rasée par un incendie inouï dans l'histoire des grandes catastrophes.

Trente mille maisons étaient détruites, et trois cent mille individus étaient jetés sans abri et sans pain sur la prairie déserte...

Maintenant écoutez bien ceci :

Il y avait à cette époque, à Chicago, un personnage qui s'était donné le surnom de *Andy Handy*.

C'était un escroc renommé pour ses exploits, et surtout pour ses nombreuses évasions.

Sous ce dernier rapport, il était à Chicago plus que Jack Sheppard n'était à Londres, Napoléon Viau à Montréal, et Bis Belleau à Québec.

Durant plus d'un an, ce hardi voleur s'était moqué de tous les détectives, de tous les sergents de ville et de tous les verrous de l'État de l'Illinois.

Il était insaisissable.

Il se faisait quelquefois arrêter, disait-on, pour mieux dépister la police.

Un matin on annonçait à son de trompe que maître Andy Handy avait les fers aux pieds et aux mains dans un cachot de la prison.

Le lendemain, le rusé filou enlevait les bijoux de quelque richard de l'avenue Michigan, écrivait une lettre aux journaux fixant la rançon des objets volés, et se présentait en personne au propriétaire pour toucher la somme, qu'on se gardait bien de lui refuser.

Je ne sais si les gazettes disaient toujours vrai – en dehors de la politique, c'est peut-être possible – mais elles racontaient de lui des coups si téméraires, des choses si renversantes ; il mêlait toujours quelque chose de si drolatique à ses faits et gestes les plus pendables, que le gaillard avait fini par intéresser le public et à s'y créer certaines sympathies.

Enfin, le chenapan avait pris les proportions d'un personnage populaire.

Les petits *boot-blacks*, qui gagnent leur vie à cirer les bottes et à vendre des journaux (les camelots de ce pays-là), en trouvaient rien de mieux, pour faire mousser leur marchandise, que de crier à tue-tête et sur tous les tons :

– *Andy Handy on the rampage !*

– *Capture of Andy Handy.*

– *Full account of Andy Handy's last escape !* etc.

Or, le palais de Justice de Chicago avait pour ainsi dire grandi avec la ville.

En 1859, on l'exhaussait d'un étage, et, dix ans après, on y ajoutait deux ailes.

Ces agrandissements effectués, les tubes en plomb servant à conduire l'eau et le gaz dans les différentes parties de l'édifice s'étaient naturellement trouvés trop étroits, et l'on en avait posé d'autres sans enlever les anciens ; ce qui fait que ceux-ci étaient restés ouverts ici et là, dans les chambres, les couloirs, entre les planchers, sous le crépi des plafonds, dans les boiseries et les colombages.

Le boyau principal passait tout naturellement au sous-sol, où – j'ai peut-être oublié de vous le dire – se trouvait la prison du district.

Au moment où se passaient les événements que je viens de vous raconter, Andy Handy y était enfermé.

Dans la journée qui suivit la terrifiante prédiction de Mme Allan, on le surprit en train de travailler à une nouvelle évasion, et on le changea de cachot.

L'ouvrier chargé de réparer les dégâts découvrit tout le mystère.

En creusant le sol, le garnement avait mis à jour le tuyau principal, l'avait percé – avec ses dents peut-être, ces tuyaux étant autrefois en plomb ; – et c'était lui qui, durant trois semaines, du fond de sa cellule, s'était amusé à jeter l'effroi dans toute la ville et à mystifier toute une population.

Chacun de ses cris, chacune de ses plaintes, chacune de ses lamentations se faisaient entendre presque instantanément dans les deux tiers au moins de l'immense édifice.

Et, coïncidence singulière, la vieille médium, qui avait tout simplement voulu nous en imposer, avait sans le savoir prédit juste.

Maintenant, je vous le demande, si cette mauvaise plaisanterie d'un misérable voleur de profession n'eût pas été découverte, ce fait ne serait-il pas cité aujourd'hui par les auteurs archi-sérieux comme un des plus concluants en faveur du spiritisme ?

Il n'y avait pourtant là qu'une supercherie de loustic, doublée d'une simple coïncidence.

Nuit d'alarme

Ceci n'est pas une aventure bien héroïque.

Au contraire, les faits sont très vulgaires en eux-mêmes, mais ils présentent un concours de coïncidences qui m'ont assez bouleversé dans le temps pour mériter d'être racontés.

Bien des légendes se transmettent dans les familles de père en fils, qui sont certes loin d'avoir autant de plausibilité apparente.

Au commencement de l'été de 1885, j'avais pour voisin un beau-frère à moi ; et nos deux familles étant allées passer quelques semaines aux eaux de Saint-Léon, nous avions pris le parti tous deux, retenus que nous étions à la ville par nos affaires, de nous accommoder ensemble d'une seule cuisinière.

Elle habitait chez mon beau-frère, et c'est là que j'allais prendre mes repas.

De sorte que je passais la nuit seul chez moi.

Vous savez comme une maison est sonore quand elle est inhabitée ; le moindre bruit qui, dans un autre moment, serait imperceptible, prend, au milieu de ce silence d'isolement et de solitude, des proportions qui alarment.

Un soir – il était six heures, et je me disposais à sortir de chez moi pour aller prendre mon dîner – j'entendis une suite de petits coups secs, vifs et rapides qui venaient de ma salle à manger, située à l'étage inférieur.

– Tiens, me dis-je à moi-même, qu'est-ce que cela peut bien être ?

Et j'écoutai plus attentivement.

Cela résonnait sonore, irrégulier, par saccades.

Je descendis, et j'ouvris la porte de la salle, qui était

complètement close.

Rien.

Silence parfait.

Il me suffit d'un coup d'œil pour examiner partout. La salle était vide.

Je remontai, et j'allais prendre mon chapeau à sa patère, lorsque le même bruit recommença.

Cette fois je descendis sur la pointe des pieds, et je collai mon oreille à la porte.

C'était bien là.

J'ouvris de nouveau, mais malgré toute mon attention, mes recherches furent inutiles.

Il n'y avait là personne, j'en aurais juré mes grands dieux, qui pût produire ce bruit, à moins que ce ne fût... un esprit frappeur.

Cette pensée me fit sourire ; mais je restai quelque peu intrigué tout de même.

L'absence des miens commençait à me peser ; des idées moroses m'avaient hanté toute la journée ; et je ne pus manger que du bout des lèvres.

Disons-le tout de suite, j'étais à l'un de ces moments où l'on a le cœur gros sans trop savoir pourquoi.

Vers la brune, accoudé à une fenêtre ouverte donnant sur la cour, je parlais à mon beau-frère de ce bruit singulier que j'avais entendu, lorsque retentit chez moi, un fort coup de sonnette.

La sonnette donnait dans ma cuisine, et comme nos deux maisons étaient contiguës, je ne pouvais me méprendre, – d'autant moins que la cuisinière vint à l'instant me dire : « On sonne, chez monsieur. »

Je sortis, et montai rapidement l'escalier de mon vestibule extérieur. Le vestibule était vide.

Deux messieurs de mes connaissances étaient là causant sur

le trottoir ; deux hommes d'âge, très sérieux, incapables de concevoir ou d'exécuter une mauvaise plaisanterie.

Ils m'affirmèrent que personne n'avait gravi les marches de mon perron.

Je revins chez mon beau-frère, intrigué de plus en plus.

Mais nous eûmes à peine le temps de faire quelques conjectures : dzing !... dziriding ! ding !...

Cette fois, c'était notre propre sonnette qui carillonnait.

Le coup était violent, la cuisinière montait quatre à quatre ; mais je ne l'attendis pas ; d'un bond je fus à la porte, qui était grande ouverte.

Il n'y avait personne !

Les deux messieurs étaient toujours là, à distance, mais en pleine vue, causant tranquillement.

Ils n'avaient pas aperçu un chat.

Cette fois, pas moyen de se le dissimuler, il se passait quelque chose d'anormal autour de nous.

La cuisinière était dans des transes : il devait y avoir quelqu'un de mort dans la famille, bien sûr.

Chez son ancien patron, rue Sherbrooke, la sonnette avait joué de cette façon, à une heure du matin, et un des parents de la famille était mort subitement à la même heure.

C'était un avertissement.

Et ainsi de suite.

Nous-mêmes, mon beau-frère et moi, nous ne pouvions nous empêcher, malgré notre scepticisme à l'endroit des revenants, de commenter un peu sérieusement cet incident inexplicable, qui servit à défrayer la conversation pour le reste de la soirée.

À onze heures, je me levai pour passer chez moi.

– Tu devrais coucher ici, me dit mon beau-frère.

Un éclat de rire lui répondit, et l'instant d'après j'étais, suivant mon habitude, dans mon cabinet de travail un livre à la main, attendant le sommeil.

Il ne venait pas vite. Je l'ai dit, j'avais vu des papillons noirs toute la journée, et une pensée bizarre se vrillait dans mon cerveau malgré moi.

Je me disais : Si par malheur – et cela peut m'arriver à moi comme aux autres – je perdais quelqu'un des miens cette nuit, ce serait plus fort que moi, je deviendrais superstitieux pour le reste de mes jours.

C'était là surtout ce qui me préoccupait : j'avais peur des coïncidences.

Enfin, je regarde à ma montre : minuit ! il était temps d'aller se coucher.

Au même instant, pan !... un grand coup, sous mes pieds, à la cuisine. Comme une masse qui serait tombée sur le plancher.

Un léger frémissement me secoua les épaules, mais j'allumai une bougie, et je descendis l'escalier.

Une inspection minutieuse me convainquit que tout était en ordre.

Je retournai m'asseoir dans mon cabinet, n'ayant plus du tout envie de dormir.

Or, à peine étais-je replongé dans mon fauteuil que j'entendis quelqu'un frapper à la porte extérieure de la cuisine.

Cette porte donnait sur une cour parfaitement close, et dont j'avais moi-même poussé les verrous.

Il ne pouvait y avoir personne là, j'en étais absolument certain.

C'était pourtant bien le frappement régulier de quelqu'un qui désire entrer.

Et comme ma fenêtre était ouverte et que cette porte se trouvait droit au-dessous, j'avais parfaitement entendu : je ne pouvais confondre.

Ces réflexions me trottaient dans la tête, lorsque le bruit recommença.

Toc, toc, toc, toc !

Et plus fort, cette fois, comme quelqu'un qui croirait ne pas avoir été entendu.

Je me précipitai à la fenêtre.

La lune éclairait ; on pouvait distinguer tous les objets à bonne distance.

Pas un angle, du reste, où personne pût s'effacer.

La porte était à quelques pieds de moi. J'aurais vu là un enfant comme en plein jour.

Et rien ! la terre nue et grise, silence complet.

Il n'en fallait pas plus, n'est-ce pas, pour bouleverser un homme.

Cette fois, me dis-je, il faut bien se rendre à l'évidence, je suis en plein mystère.

Il n'y a pas à dire, c'est un avertissement.

Je me sentais de petits chatouillements désagréables à la racine des cheveux ; et, sans la crainte de passer pour poltron, je serais retourné chez mon beau-frère.

Réflexion faite, cependant, je voulus en avoir le cœur net.

Je me dis qu'il ne fallait rien laisser qui pût prêter à l'ombre d'une équivoque ; que c'était le moment où jamais de se faire une certitude, mais une certitude absolue, mathématique, qui ne pût laisser place même à un soupçon de doute.

Je rallumai ma bougie, et redescendis à la cuisine ; j'allai droit à la porte de sortie, et l'ouvris.

Il y avait une contre-porte, et je la poussai.

– Couic !

Un petit cri de détresse, qui faillit m'en arracher un de joie : je commençais à comprendre.

Il y avait une famille de petits chiens dans mon hangar.

L'un d'eux s'était creusé un trou auprès de la porte, qui s'ouvrait au ras de terre, et s'y était blotti.

Comme sa couleur grise se confondait avec celle du sol, il y était absolument dissimulé.

Et c'est en se grattant, le pauvre petit, qu'il avait failli faire de moi un partisan des manifestations spirites.

Cette découverte m'enhardit.

Je fis le tour de la cuisine à la recherche de ce qui avait pu produire ce bruit de chute que j'avais d'abord entendu.

À un certain endroit, mon pied buta ; je me baissai : c'était la porte d'une petite armoire ménagée sous l'évier – porte sans charnières – qui était là à plat sur le plancher.

À la clarté de la bougie, il aurait fallu savoir qu'elle était là pour l'apercevoir.

Je la laissai retomber ; même bruit absolument.

Le problème s'éclaircissait.

Alors l'envie me prit de tout approfondir.

Je fouillai la salle à manger dans tous ses recoins pour y découvrir l'origine de ces frappements étranges qui m'avaient intrigué avant le dîner.

Ce fut vite faite. C'était un pauvre moineau introduit là par un carreau, et qui, fait prisonnier à mon insu, venait picorer les miettes de pain laissées sur la table.

Maintenant, si j'écrivais une histoire faite à plaisir, je ne manquerais pas de donner une explication quelconque des coups de sonnettes mystérieux qui coïncidaient d'une façon si singulière avec tout le reste.

Malheureusement, je dois l'admettre, sous ce rapport, toute mon imagination – de même que les recherches et les investigations que nous fîmes, mon beau-frère et moi – est restée complètement en défaut.

À l'heure qu'il est, je cherche encore la clef du mystère.

Le chiffre 13, et le vendredi

En octobre 1898, le *Figaro* donnait insertion aux quelques lignes suivantes :

À propos du rôle que le chiffre 13 a joué dans la vie du Tsar, nous recevons cette lettre touchante :

Monsieur le Masque de fer,
Vous parliez hier de la superstition des Russes à l'endroit de leur vénéré souverain. Mais il y a aussi celle des mères françaises dont les fils – de la classe 93 (ne parlant que pour un an) – sont désignés pour quitter leur foyer le 13 novembre.

Et ils sont déjà doublement sous l'influence néfaste de ce chiffre par la date de leur naissance, 73, et celle de leur départ, 93 !

Ne croyez-vous pas que le général Mercier ferait acte d'humanité – car on ne sait à quel point la superstition trouble les âmes maternelles – au moins de courtoisie, en retardant ou devançant d'un jour cette date fatidique du 13 novembre 93 qui, rien qu'à l'écrire, nous donne le petit frisson ?

Et cela est signé :

UN GROUPE DE MÈRES SUPERSTITIEUSES,

qui vous seraient bien reconnaissantes

si vous pouviez faire entendre

et exaucer cette prière.

L'origine de la croyance populaire attribuant une influence néfaste au nombre *treize* se perd, comme on dit, dans la nuit des temps.

L'opinion la plus répandue, cependant, c'est qu'elle a pris naissance au moyen âge, à l'époque où les populations ignorantes et naïves croyaient voir du surnaturel partout, et mêlaient les traditions religieuses aux restes de ce vague occultisme à elles transmis par les siècles païens.

Au dernier souper du Christ avec ses douze apôtres, on se trouvait treize à table.

Or, cette nuit-là même, l'un des treize trahit, et la passion douloureuse du Sauveur des hommes commença, pour se terminer au Calvaire.

Il n'en fallait pas plus pour créer, autour du nombre *treize*, cette légende sinistre qui est parvenue jusqu'à nous, et qui dure encore, malgré les lumières et le scepticisme de notre civilisation.

Ce qui effraie surtout les esprits timides ou superstitieux, c'est – il se présente parfois des coïncidences très bizarres – l'occurrence réitérée et persistante du chiffre fatidique dans les événements importants de la vie d'un homme.

On croit y voir l'intervention maligne d'un hasard intelligent.

En y réfléchissant, pourtant, on s'aperçoit qu'il n'y a là rien que de très naturel.

Étudiez un peu les coups de dés, par exemple.

Parce que vous aurez amené trois fois de suite le triple six, cela diminuera-t-il en rien vos chances de le tirer une quatrième fois ?

Aucunement ; votre chance au quatrième coup est aussi favorable qu'au premier. Et pourquoi pas ?

Il en est absolument de même dans les hasards de la vie.

Si vous êtes né un *treize*, cela ne diminue en aucune sorte vos chances de mourir un *treize*.

Ces rencontres se produisent très souvent dans le cours de

l'existence.

La combinaison des séries numériques variant presque à l'infini dans tout ce qui se passe sous nos yeux, si extraordinaire que nous paraisse une coïncidence, elle avait ses chances d'arriver comme autre chose.

Mais pourquoi, me direz-vous, cette occurence répétée du chiffre *treize* en particulier ?

C'est là une erreur : le nombre *treize* n'apparaît pas plus souvent qu'un autre. Et cette erreur s'explique par la superstition elle-même.

Quand il s'agit d'un *neuf* ou d'un *quinze*, personne ne le remarque, tandis que s'il s'agit du *treize*, cela frappe tout le monde.

Ainsi, jouez à n'importe quel jeu qui ait des nombres pour éléments ; vous pourrez marquer *douze* quatre fois sans vous en apercevoir, et si vous amenez *treize* seulement deux fois, vous dites : « Voilà la malchance ! »

Et cette malchance, examinons un peu en quoi elle consiste.

À tous, il nous est arrivé, n'est-ce pas, de ne point réussir dans telle ou telle entreprise.

Si nous avons commencé tout autre jour qu'un *treize*, non seulement nous n'en parlons point, mais nous n'y songeons même pas.

Il en est autrement si nous avons commencé un *treize* ou un *vendredi* ; alors on se dit : « Voyez-vous... la fatalité ! »

Et l'on n'y retourne plus.

Pour les accidents ou les contretemps de voyage, c'est exactement la même chose.

Le mauvais temps vous poursuit, vous ne trouvez pas ce que vous cherchez, vous manquez vos trains, on vous vole votre montre.

Si vous êtes parti un *dix* ou un *sept*, vous êtes simplement victime du hasard.

Si vous êtes parti un *treize*, vous devenez superstitieux.

Je n'ai jamais, pour ma part, redouté ce chiffre *treize* ; mais si j'avais été porté à croire à son influence néfaste, ce qui m'est arrivé, à mon avant-dernier voyage d'Europe, serait bien de nature à me rassurer pour le reste de mes jours.

Si singuliers qu'ils paraissent, j'affirme sur l'honneur, la véracité absolue de tous les détails qui suivent :

Je voyageais avec trois personnes de ma famille.

Je retins mon passage à bord du *Rhynland*, un mercredi, *treize* juillet.

J'effectuai mes petites opérations financières, et achetai mes billets de chemin de fer pour New York, la veille de mon départ, c'est-à-dire le *treize* août.

Treize personnes vinrent nous faire la conduite et nous souhaiter bon voyage à la gare.

Ma chambre d'hôtel, à New York, portait le numéro 265 ; – additionnez ces trois chiffres, et vous aurez le nombre *treize*.

Nous étions *treize* à la table du capitaine, et mon rond de serviette portait le numéro *treize*.

Et, comme pour couronner toutes ces coïncidences curieuses, le chiffre 13 brillait, en cuivre bruni, droit au-dessus de la porte de ma cabine !

Voilà qui était déjà assez singulier, n'est-ce pas ; eh bien, ce n'était que le commencement.

Il s'écoula juste *treize* jours entre le départ de Montréal et l'arrivée à Anvers, notre port de débarquement.

À l'Hôtel des Deux-Mondes, à Paris, ma chambre portait le numéro 12 *bis*. C'était le numéro *treize* déguisé pour ne pas effrayer les voyageurs. La marque de la clé en faisait foi, et, du reste, cette chambre était seule entre le numéro 12 et le numéro 14.

À Tours, je tombe sur le numéro 85 ; – 8 et 5 *treize*.

En revenant de province, j'écris à l'Hôtel des Deux-Mondes

pour retenir ces mêmes chambres ou d'autres dans les mêmes conditions. J'arrive à minuit ; on m'avait retenu le numéro 113 !

Enfin nous approchions des côtes d'Amérique, quand quelqu'un me dit :

– On est en train d'embarquer le pilote, vous savez.

– Oui ? eh bien, je veux voir le numéro de la goélette, fis-je en riant.

Et je monte sur le pont quatre à quatre.

Une surprise m'y attendait. Là, devant moi, droit en face, à quelques encâblures de notre vaisseau, le chiffre 13 se détachait, énorme et tout noir, sur le fond gris d'une grande voile latine gracieusement arrondie et cambrée dans le vent.

Treize heures après, je prenais le train du Hudson & Delaware.

Et *treize* heures plus tard, je mettais pied à terre à la gare Bonaventure !

Mon voyage finissait comme il avait commencé.

– Et ce voyage, me direz-vous, il a été heureux ?

– Si j'aimais à faire des calembours, je répondrais : *treize* heureux !

Ce qui se dit du treizième jour du mois peut s'appliquer au jour de la semaine qu'on appelle le *Vendredi*.

Dans la capitale même de la France, cette ville que l'on est convenu d'appeler sceptique, tous les vendredis la recette des omnibus est de 25 pour 100 moindre que celle des autres jours de la semaine.

Je connais des individus – qui ne croient pas beaucoup d'autres choses, du reste – et qui n'osent pas monter en voiture un vendredi, de peur de se casser le cou.

Il y a quelques années, on ne pouvait s'embarquer pour l'Europe à Montréal ; il fallait prendre le paquebot à Québec. Or, comme celui-ci ne partait que le samedi, nombre de Montréalais bouclaient leurs malles le jeudi soir, et préféraient aller croquer le marmot vingt-quatre heures à Québec plutôt que de partir un vendredi.

Et cela date de loin.

Les vieilles chroniques françaises nous racontent que, dès avant Charlemagne, on n'entreprenait rien un vendredi.

Il fut une époque où les paysans n'allaient même pas aux champs ce jour-là.

Il y avait des lois défendant de soumettre, les vendredis, les criminels aux épreuves du feu et de l'eau.

Au quatorzième siècle, il était défendu à un capitaine de livrer bataille un vendredi.

En 1675, Colbert chercha les moyens « d'oster ces scrupules de l'espryt des matelots », à la suite d'une plainte de l'amiral Volbelle, qui, commandant une flotte, ne put mettre à la voile, parce qu'il avait donné l'ordre de lever l'ancre un vendredi.

Les matelots ne voulurent jamais obéir au commandement.

Pauvre humanité !

On ne réfléchit pas que ce qui arrive de mal à l'un profite presque infailliblement à un autre ; et que si votre malheur est tombé un vendredi, ce vendredi a été un jour heureux pour celui qui bénéficie de votre déconfiture.

Ainsi votre pays perd une bataille un vendredi – c'est ennuyeux, mais votre ennemi l'a gagnée, cette bataille ; et ce qui a été un jour malheureux pour vous a été un jour heureux pour lui.

En outre, combien de démentis l'histoire n'a-t-elle pas donnés à cette absurde superstition ?

C'est un vendredi que Colomb mit à la voile, le 3 août 1492 ; et c'est un vendredi, le 12 octobre, qu'il découvrit San Salvador, et par conséquent l'Amérique.

C'est aussi un vendredi – le 22 février 1732 – que Washington est né.

Ce vendredi fut un jour malheureux pour l'Angleterre, je n'en disconviens pas, mais les États-Unis n'ont guère, à mon avis, raison de s'en plaindre.

Cette superstition populaire à l'endroit du vendredi me rappelle une anecdote.

Un jour, je traversais le lac Michigan en bateau à vapeur, en compagnie de joyeux compagnons de voyage, parmi lesquels se trouvaient Alphonse Le Duc et ce pauvre Médéric Lanctot.

Le temps était couvert et menaçant.

– Dame, nous sommes partis un vendredi, dit Le Duc, qui fait toujours semblant d'être fataliste.

Et l'on se mit à causer de cette étrange superstition avec quelques Américains qui faisaient partie de notre cercle.

– Moi, dit l'un d'eux, j'ai été témoin d'un fait qui prouve de la façon la plus péremptoire que rien n'est plus absurde que cette croyance.

– Voyons, contez-nous cela.

– Volontiers.

Je suis de Savannah en Floride, et j'ai été longtemps engagé dans le commerce maritime. Et vous savez si les marins sont en général superstitieux !

Un jour, un armateur, ami de mon père, se mit dans la tête de démontrer d'une façon non équivoque la stupidité de ceux qui croient à l'influence néfaste du vendredi.

Il fit construire un navire en observant les particularités suivantes :

Il signa le marché avec le constructeur un vendredi.

La première pièce de la quille fut posée un vendredi.

On commença à cheviller le bordage un vendredi.

On commença à peinturer la coque un vendredi.

On commença à gréer le navire un vendredi.

On l'appela le *Vendredi*.

Il fut lancé un vendredi.

On arrima les premiers ballots de la cargaison un vendredi.

Le capitaine s'appelait Padlock – les Allemands prononçaient *bad luck*.

Et il partit pour Vera Cruz un vendredi.

Pas une compagnie d'assurance n'avait voulu risquer un sou ni sur le vaisseau ni sur la marchandise.

– Et puis... ?

– Et puis... on n'en a jamais eu de nouvelles.

– Le propriétaire a été ruiné ?... mais alors il me semble...

– Pas du tout, au contraire ; l'armateur fit fortune.

– Comment cela ?

– Dame, toutes ses connaissances avaient gagé avec lui des sommes fabuleuses que le bâtiment périrait.

– Et ?

– Et jamais ils n'ont pu prouver le naufrage.

Un pari

Notre interlocuteur pouvait avoir la cinquantaine.

Nous venions d'apprendre qu'il était Canadien, né à Lévis ; mais qu'il habitait la Louisiane depuis l'âge de quinze ans.

– Non, messieurs, dit-il, prenez-en ma parole, personne n'a le droit de se croire inaccessible à la peur. Je ne suis pas né poltron, je vous prie de le croire. J'ai fait toute la guerre de Sécession ; j'y ai conquis le grade de colonel ; j'ai été quelquefois cité à l'ordre du jour ; eh bien, regardez là, derrière mon oreille, vous y trouverez la preuve qu'on peut avoir les nerfs d'un homme brave, sans pour cela être exempt de cet affolement fiévreux qu'on appelle la peur.

– En effet, fîmes-nous en nous penchant pour regarder une mèche toute blanche dans la chevelure noire !

– J'étais jeune, il est vrai... ajouta l'homme avec un soupir.

– Si c'est une histoire, contez-la-nous !

– Volontiers, messieurs ; je n'en fais pas un mystère.

Nous étions assis sur le pont du *Québec*, par une belle nuit d'été, au clair de lune magnifique ; et la voix du conteur se détacha bientôt, grave et vibrante, sur les murmures confus de la conversation générale et le chant monotone des grandes roues du steamer plongeant dans la vague.

– En 1849, commença-t-il en se balançant sur sa chaise, les mains dans les poches de son vaste cache-poussière, je suivais les exercices préparatoires à la première communion, à l'église de Saint-Joseph de Lévis, cette gracieuse petite paroisse qu'on aperçoit à une lieue en aval de Québec, sur la rive sud du fleuve, droit en face de la chute de Montmorency.

On m'avait mis, pour cela, en pension chez une brave femme, dont l'indulgence avait réduit mon règlement à un seul et unique article obligatoire : Du moment que je rentrais à neuf heures sonnantes, tout était dans l'ordre.

Actif et turbulent à l'extrême, je ne pouvais qu'abuser plus ou moins de cette liberté toute nouvelle pour moi.

Je devins bientôt le plus infatigable joueur de barres, le plus habile sauteur à cloche-pied, le plus intrépide chevaucheur à dos de vache qu'il y eût dans les environs.

Ma réputation n'eut plus de rivale en tout ce qui exigeait quelque hardiesse ou quelque témérité.

Un exemple.

À quelque dix minutes du village, sur la grève, il y avait alors un campement d'Indiens montagnais, d'à peu près une huitaine de familles.

C'était là, pour la marmaille dont je faisais partie, un grand sujet de curiosité.

Mais notre bande avait toujours la précaution de se tenir à distance, et détalait comme les écureuils du bois voisin, sitôt qu'une figure rébarbative faisait seulement mine d'apparaître à l'orée des wigwams.

Un jour, au grand ébahissement de mes camarades, je portai l'audace, non seulement jusqu'à m'approcher du campement, mais jusqu'à m'aventurer sous une des huttes d'écorce, au milieu des sauvages.

J'en sortis, la casquette sur l'oreille, avec un arc et des flèches qui m'avaient coûté l'énorme somme de deux sous.

Cet exploit mit le comble à mon prestige.

Mais, en revanche, il me fit un jaloux dans la personne d'un de mes camarades qu'on appelait Magloire, et qui ne me pardonna jamais ce surcroît de popularité.

Si puérils qu'ils soient, messieurs, j'insiste sur ces détails, parce que c'est justement cette passion pour les aventures qui fut cause de mon malheur.

C'est à cette ambition absurde d'éclipser les autres par mes bravades que je suis redevable d'avoir passé six années de ma jeunesse entre la vie et la mort, sans aucune lueur de raison, tombant plusieurs fois par jour dans des convulsions épileptiques, et – ce qui fera le regret éternel de ma vie – d'avoir causé la mort de la douce et sainte femme dont j'étais l'unique enfant.

Ici le narrateur s'interrompit, tira un cigare de sa poche, l'alluma d'une main fébrile, et se mit à fumer avec énergie, lançant d'énormes bouffées blanches, que la marche du steamer faisait tourbillonner au loin derrière nous, comme des flocons d'ouate flottante, vaguement éclairés par les reflets métalliques de la lune.

Il était évident que l'homme à la touffe de cheveux blancs cherchait à maîtriser son émotion.

Après un moment de silence, il sembla faire un effort sur lui-même, et reprit le fil de son récit :

– À Saint-Joseph de Lévis, le cimetière est attenant à l'église ; ou du moins l'était-il à l'époque dont je parle.

Il s'étendait du côté nord, entouré par un mur de clôture haut de quatre à cinq pieds environ.

La partie ouest de l'enclos, qui faisait une légère saillie sur la façade de l'église, était bordée par un vaste terre-plein gazonné et planté çà et là de jeunes érables qui alternaient de distance en distance avec de forts poteaux surmontés généralement d'un petit anneau en fer auquel les paroissiens attachaient leurs chevaux, le dimanche, avant d'entrer dans le temple.

C'était là le principal théâtre de nos ébats, notre champ de batailles et notre hippodrome.

Pauvres vieux poteaux, que de fois leurs têtes déchiquetées par la dent hargneuse des chevaux n'ont-elles pas porté la preuve irrécusable des terribles solutions de continuité qu'un œil scrutateur aurait pu découvrir ailleurs qu'à nos jabots, et que, pour sa part, ma bonne ménagère s'efforçait de faire disparaître chaque soir avec un courage et une patience dignes d'une meilleure cause !

Les nombreuses brèches se réparaient toujours, mais avec un tel luxe et une telle variété de couleurs, qu'au bout de deux semaines, il eût été très difficile, même pour un regard exercé, de constater quelle avait été la nuance primitive de mon pantalon, – chose dont je me souciais, du reste, comme un poisson d'une pomme.

Or, précisément à cette époque de ma première communion, il se faisait dans la partie Est du cimetière, je ne sais trop quelle excavation.

On creusait un charnier, je crois.

Et – chose qui sembla étrange d'abord, mais qui s'expliqua facilement par la suite – bien qu'aucune inhumation ne parût avoir été faite dans cette partie de l'enceinte, les travailleurs découvraient chaque jour quelques ossements humains et parfois des squelettes entiers, qu'ils éparpillaient çà et là dans les hautes herbes du cimetière.

Ce fut à cet endroit, et justement dans cette circonstance, que fut exhumée la fameuse cage de la Corriveau, dont vous connaissez l'histoire.

Enfin, grâce à tout cela, les personnes qui s'aventuraient dans le cimetière de Saint-Joseph de Lévis, à cette époque, couraient le risque de trébucher sur quelque tibia blanchi, ou de glisser sur quelque crâne humain perdu dans le trèfle et le sainfoin.

Grand sujet de terreur pour notre cercle.

Pour les autres, j'entends, car quant à moi, j'étais – on le sait – un esprit fort.

J'aurais fait la nique à la statue du commandeur.

Hélas !...

Un soir, un de ces beaux soirs d'été calmes et sereins, où toute la nature semble se concerter pour prodiguer ses enivrements, épuisée par une partie de barres acharnée, pendant laquelle les échos du vieux cimetière avaient plus d'une fois retenti de nos cris de triomphe et de nos altercations, la petite troupe se reposait.

Notre couvre-feu allait sonner ; et, avant de nous envoler vers nos pénates respectifs, nous devisions sur les amusements du lendemain.

Le soleil s'était caché derrière les hauteurs de Charlesbourg en caressant de reflets vermeils la gracieuse coupole qui surmontait alors le palais législatif de Québec.

Un crépuscule splendide déployait au couchant son éventail d'or et de pourpre, et ses dernières lueurs se jouaient amoureusement dans le vitrail de l'église.

Les ombres s'allongeaient, immenses, derrière les peupliers de l'ancien presbytère qu'on dit être remplacé aujourd'hui par un magnifique pensionnat de jeunes filles...

Nous attendions le coup de canon de neuf heures pour nous disperser.

Or, je ne sais trop à quel propos, inspirée probablement par la tombée de la nuit et par le voisinage du champ de mort, la conversation se prit à rouler sur les fantômes et les revenants.

Chacun tira de son sac son petit *conte à ma grand'mère*, et chasse-galeries, loups-garous, goules, vampires et âmes en peine d'aller leur train.

Naturellement, j'affichai mon scepticisme.

J'affirmai carrément que toutes ces histoires avaient été inventées pour effrayer les enfants peureux ; que les loups-garous n'avaient existé que dans l'imagination des ignorants, et que les morts ne revenaient jamais.

– C'est à savoir ! fit Magloire.

– Comment, tu crois aux morts qui reviennent, toi !

– Pourquoi pas ?

– Ha ! ha ! ha !... fis-je en éclatant de rire.

– Tu as beau faire le fanfaron, dit Magloire, tu y crois toi-même aux morts qui reviennent.

– Pour ça, jamais de la vie !

– Non ? alors pourquoi tremblerais-tu à traverser le cimetière dans ce moment-ci ?

Traverser le cimetière en ce moment ! Cette parole eut un effet magique.

À la seule idée d'aller fouler les tombes à cette heure avancée, notre petit groupe avait frémi, et chacun s'éloigna instinctivement du mur fatal où nous étions à moitié appuyés.

– Je ne tremblerais pas, répliquai-je fièrement.

– Tu mens ! reprit Magloire, et bien que tu affirmes que les morts ne reviennent pas, je parie que, malgré ta prétendue bravoure, tu n'irais pas te coucher un instant sur cette tombe, là-bas, près de l'érable, en face de la grande croix !

Ce défi n'avait rien de bien attrayant pour moi.

J'aimais les fanfaronnades, comme je viens de vous l'avouer ; mais la pensée d'aller braver ainsi la mort, à pareille heure et dans son propre domaine, me causait un certain malaise bien naturel à mon âge.

Les crânes et les ossements dénudés, que nous avions entrevus dans les marguerites et les boutons d'or, me revinrent à l'esprit.

Une froide souleur me passa dans le dos.

Je ne répondis pas.

– Il a peur ! dit Magloire.

– Il n'ira pas, va ! crièrent mes camarades toujours prêts à se ranger du côté du plus fort.

Le défi était narguant, pressant, positif.

Il fallait relever le gant, ou perdre ma réputation.

– J'irai ! dis-je tout simplement.

Et d'un bon je fus sur le mur.

Au moment où j'allais sauter à l'intérieur du cimetière, le canon de la citadelle de Québec vomit un éclair, et son lourd grondement, cent fois répété par les échos de cette limpide soirée, alla s'éteindre, comme un tonnerre lointain, dans les gorges profondes des Laurentides.

– Neuf heures ! me dis-je à moi-même ; l'heure de la rentrée.

Et la conscience d'une désobéissance ajoutant encore à mon émotion, j'hésitai un moment.

– Ah ! le capon, il n'ira pas ! ricana Magloire ; j'ai gagné mon pari !

Il avait à peine lâché le mot, que je marchais la tête haute dans les broussailles touffues du cimetière, enjambant lestement les tumulus formés par les tombes, osant à peine regarder autour de moi... me hâtant fiévreusement...

Il y a aujourd'hui plus de quarante ans, messieurs, que ce que je vous raconte s'est passé, et rien qu'à me rappeler les terribles circonstances de cette soirée fatale, j'en frissonne encore malgré moi.

À mesure que j'avançais et que je sentais s'étendre autour de moi l'imposante solitude de la mort, l'effroi me gagnait.

Toutes ces pierres tumulaires dressées devant moi, projetant sous les lueurs mourantes du crépuscule d'immenses traînées d'ombre, me semblaient autant de fantômes sortant de terre pour me barrer le passage.

Les fenêtres de l'église, qui s'assombrissaient de plus en plus, m'apparaissaient comme de gigantesques orbites qui me regardaient d'un air menaçant.

J'aurais juré que la grande croix noire, vers laquelle je m'avançais, se penchait vers moi, en étendant ses longs bras décharnés, comme pour m'embrasser dans une inexprimable étreinte.

Enfin, tout ce que j'entrevoyais dans la demi-obscurité dont j'étais entouré revêtait mille formes effrayantes et fantastiques.

La tête me bourdonnait.

Il me semblait entendre des voix souterraines murmurer je ne sais quelle indéfinissable et monotone phraséologie où je croyais distinguer confusément ces paroles psalmodiées sur un ton d'ironie farouche et lugubre :

– Les morts ne reviennent point ! les morts ne reviennent point !

Le bruit de mes pas se mêlait vaguement à tout cela ; et les froufrous du foin que je foulais sous mes pieds résonnaient à mes oreilles comme un écho lointain et monstrueux du ricanement sarcastique de Magloire.

Le cœur me battait comme un roulement de tambours.

Je l'avoue, messieurs, je ne puis dire si c'était un pressentiment de ce qui m'attendait, mais pour la première fois de ma vie, j'eus peur – une vraie peur à vous secouer de la tête aux pieds.

L'orgueil avait le dessus, cependant.

J'avançais toujours.

Mais, quand j'arrivai près du lieu désigné, et que je me pris à songer qu'il fallait m'étendre sur cette tombe, je sentis le vertige s'emparer de moi tout à fait.

J'allais même m'enfuir avec épouvante, lorsqu'en me retournant j'aperçus, au-dessus du mur d'enceinte, à l'endroit d'où j'étais parti, les huit ou dix têtes de mes compagnons qui me suivaient des yeux.

Le maudit Magloire était même à genoux sur le chaperon, pour mieux s'assurer si j'accomplissais fidèlement toutes les conditions du pari.

Je le reconnus à sa maigre silhouette qui se détachait, sombre et moqueuse, sur les lointaines lueurs de l'horizon de plus en plus estompé.

Cette vue me donna du courage.

Par un héroïque effort sur moi-même, je commençai à m'agenouiller sur le tertre, lentement, lentement, le dos tourné à la planche qui servait de pierre tombale et qui pouvait avoir – ce détail a son importance – deux pieds et demi à trois pieds de hauteur.

Mon genou avait à peine effleuré la terre, que je m'arrêtai tout à coup, terrifié.

Un léger bruit venait de se faire entendre tout près de moi.

Ce qui se passa alors, messieurs, défie toute narration.

Là, droit en face de moi, presque à portée de ma main, une tête de mort grimaçante me regardait dans l'ombre avec ses grands yeux sans prunelle, et – pour comble d'horreur – s'avançait vers moi par petits soubresauts convulsifs et irréguliers...

Le narrateur était si visiblement impressionné, et paraissait s'exprimer avec un accent de si profonde conviction, que, malgré toute l'invraisemblance de son récit, et le sourire d'incrédulité qu'il amena sur nos lèvres, aucun de nous ne songea à l'interrompre.

Exactement comme aux endroits les plus solennels des romans, la lune venait de se cacher derrière un nuage, et, l'obscurité ajoutant je ne sais quelle mise en scène mystérieuse à cette narration fantasmagorique, nous resserrâmes involontairement notre cercle autour de l'intéressant conteur, qui continua d'une voix émue :

– Vous avez peut-être rêvé, messieurs, que vous étiez entraîné tout à coup dans un précipice.

La tête vous tourne, vos extrémités se glacent, vos cheveux se dressent d'épouvante, vous sentez courir sur votre épiderme une horripilation fiévreuse, tout le sang vous reflue jusqu'au cœur, le cauchemar vous saisit à la gorge ; il vous semble que vous roulez éperdus dans d'insondables abîmes.

Voilà à peu près quelles furent mes sensations en apercevant cette chose formidable que j'avais devant les yeux, et qui s'approchait toujours.

Je ne m'évanouis pas, cependant.

Réunissant tout ce qui me restait de forces, et me cramponnant dans un effort de suprême énergie à la planche qui se trouvait debout derrière moi, j'essayai de me relever, lorsque je me sentis saisir tout doucement aux cheveux par quelque chose comme une patte monstrueuse armée d'un million de petites griffes acérées...

C'en était trop.

La commotion nerveuse me foudroya.

Je poussai un cri d'inénarrable angoisse...

J'avais perdu connaissance.

En conteur habile, l'homme à la touffe de cheveux blancs s'interrompit de nouveau, ralluma son cigare, qu'il avait laissé s'éteindre, et se prit à fumer avec plus d'entrain que jamais.

– Et après ? demandâmes-nous, impatients de connaître la fin de cette étrange histoire.

– Après ? reprit le voyageur ; je ne me souviens plus de quoi que ce soit.

Pendant six longues années, je n'ai eu connaissance de rien de ce qui s'est passé.

Quand les premières lueurs de raison me revinrent, je me trouvais avec mon père, à bord d'un vaisseau longeant les côtes de la Floride.

J'étais couché sur un pliant de voyage, la tête enfoncée dans un oreiller, doucement caressé par la brise de la mer.

Le soleil venait de disparaître à l'horizon en teintant de rose le firmament et les vagues.

Je ne sais à quel propos, on venait de tirer un coup de canon.

– Neuf heures ! dis-je, il faut rentrer.

Et je m'éveillai comme d'un long rêve.

J'appris plus tard ce qui s'était passé, et en particulier la mort de ma mère qui n'avait pu survivre au choc douloureux que lui avait fait éprouver la perte de ma santé et de mes facultés mentales.

Les médecins avaient conseillé à mon père de me faire voyager ; et, après un assez long séjour dans divers pays de l'Europe où j'avais été soumis aux traitements des hommes de science les plus en renom, nous revenions en Amérique.

Rien ne nous attachait au Canada ; et comme les climats méridionaux semblaient plus favorables à ma faible constitution, mon père se fixa à la Nouvelle-Orléans, où j'ai toujours demeuré depuis.

Maintenant, messieurs, j'ai fini ; j'espère que je ne vous ai pas trop ennuyés.

– Mais cette touffe de cheveux blancs ? demandai-je avec curiosité.

– Ah ! c'est juste, j'oubliais.

Eh bien, c'est précisément à cet endroit de la tête que je m'étais senti saisir par ces griffes étranges dont je vous ai parlé.

Les cheveux sont restés tout blancs depuis.

– Quelle singulière hallucination.

– Comment, une hallucination ?

– Allons donc, prétendriez-vous...

– Messieurs, tout ce que je viens de vous raconter s'est passé à la lettre.

– Ah ! bah !... Et ce crâne ?

– Ce crâne qui se mouvait de lui-même, il y avait un crapaud dessous.

– Et cette patte ?

– Ces griffes qui me saisirent par les cheveux n'étaient autre chose que des fleurs de bardane, plante connue ici sous le nom vulgaire de rapace.

Ces fleurs, que nous appelions, dans notre langage d'enfants, des *toques*, ont une jolie corolle purpurine.

Et, comme, grâce aux innombrables pointes à crochets dont elles sont hérissées, ces fleurs adhèrent fortement les unes aux autres, les petites filles, qui – avant les travaux dont j'ai parlé – jouaient quelquefois dans le cimetière, en faisaient des couronnes qu'elles suspendaient aux croix de bois qui surmontaient alors presque toutes les tombes canadiennes.

Voilà tout le mystère.

À ce moment, le sifflet du bateau retentit.

– Sorel ! dit le capitaine Labelle.

Les mangeurs de grenouilles (Un fi-follet)

Une année – j'étais tout petit enfant – mon père loua un cocher du nom de Napoléon Fricot, qui eut, plus tard, son moment de notoriété dans le pays.

Compromis comme complice dans le procès retentissant d'Anaïs Toussaint, qui fut condamnée à mort – en 1856, je crois – pour avoir empoisonné son mari, dans le faubourg Saint-Roch, à Québec, il eut la chance, s'il n'échappa point aux mauvaises langues, d'échapper au moins à la cour d'assises.

Le pauvre diable devait être innocent, d'ailleurs.

Je ne l'exonérerais point aussi facilement du soupçon d'avoir fait un doigt ou deux de cour à la jolie criminelle ; le gaillard était – dans l'infériorité de sa condition – une espèce de rêveur romanesque très susceptible de s'empêtrer dans une intrigue amoureuse ; mais, j'en répondrais sur ma tête, il était incapable de prêter la main à un crime.

La question est, du reste, parfaitement étrangère à mon récit, et je n'y fais allusion qu'incidemment.

Il y avait, à la porte de notre écurie, un vieil orme fourchu, dont les branches pendantes descendaient jusqu'au ras du sol.

Les jours de soleil surtout, quand son service lui laissait des loisirs – qui arrivait souvent – Napoléon Fricot y grimpait, s'asseyait au point de jonction, à quatre ou cinq pieds de terre ; et là, dans le frissonnement des feuilles et les alternatives fuyantes des ombres et de la lumière, il composait des ballades et des complaintes, qu'il me chantait, le soir, d'une voix très douce et très mélancolique.

J'allais souvent m'asseoir sur une des racines du colosse, et alors le poète rustique lâchait le fil de ses rêveries pour me conter des histoires.

Comme tous les campagnards de sa classe et de son

instruction, il était fort superstitieux.

Il croyait aux revenants, aux loups-garous, aux « chasse-galeries », mais surtout aux feux follets. Il prononçait *fi-follets*.

M'en a-t-il défilé, des aventures tragiques de pauvres diables égarés par les artifices de ces vilains esprits, chargés par le démon d'entraîner les bons chrétiens hors des droits sentiers !

Laissez-moi vous en rapporter une.

– Les fi-folelts, disait-il, ne sont point, comme le croient les gens qui ne connaissent pas mieux, des âmes de trépassés en quête de prières.

Ce sont des âmes de vivants comme vous et moi, qui quittent leur corps pour aller rôder la nuit, au service du Méchant.

Quand un chrétien a été sept ans sans faire ses pâques, il court le loup-garou, chacun sait ça.

Eh ben, quand il y a quatorze ans, il devient fi-follet.

Il est condamné par Satan à égarer les passants attardés.

Il entraîne les voitures dans les ornières, pousse les chevaux en bas des ponts, attire les gens à pied dans les fondrières, les trous, les cloaques, n'importe où, pourvu qu'il leur arrive malheur.

C'est à l'appui de cette théorie que Napoléon Fricot racontait l'histoire en question.

La chose était arrivée dans une paroisse des environs de Kamouraska – je ne me souviens plus quelle paroisse c'était.

Son oncle, un nommé Pierre Vermette, qui résidait tout près de l'église – un « habitant riche » – avait engagé, pour ses travaux, un garçon de ferme étranger à la « place ».

C'était un grand individu de trente et quelques années, solide et vigoureux, qui venait « de par en-bas », – un Acadien, selon les probabilités, vu qu'il parlait « drôlement » Il disait *oun houmme* pour un homme, il *faisions beng biau* pour il fait bien beau.

On remarquait en outre cette particularité chez lui qu'on ne le voyait jamais ni à la messe ni à confesse et, par extraordinaire, nul ne lui connaissait d'amoureuse dans le canton. Jamais il n'allait « voir les filles », suivant l'expression du terroir.

Ce n'était pas naturel, on l'admettra.

Pas l'air méchant, mais un caractère « seul ». Le soir, quand les autres « jeunesses » s'amusaient, il se rencoignait quelque part, et fumait sa pipe en « jonglant ».

Quelques-uns avaient remarqué que dans ces moments-là, les yeux du garçon de ferme avaient un éclat tout à fait extraordinaire, et qu'il lui passait, droit entre les deux sourcils, des lueurs étranges.

« Un individu à se méfier », comme on disait.

À part cela, il était rangé, honnête, bon travailleur, – exemplaire.

Il ne sortait jamais.

Excepté, pourtant, le samedi soir – dans la nuit.

Le samedi soir, vers onze heures et demie, quand tout le monde était couché, le gros terre-neuve chargé de la garde des « bâtiments » faisait entendre un long hurlement plaintif, comme s'il eût « senti le cadavre », et, réveillés en sursaut, les gens de la ferme se signaient et récitaient un *ave* pour les « bonnes âmes ».

C'est alors qu'on constatait l'absence de l'Acadien, qui ne rentrait que sur le matin, le pas lourd, la démarche hésitante, et se jetait, disait-on, sur son lit comme un homme « en fête ».

Il ne pouvait guère être ivre cependant ; point de cabarets dans l'endroit : et puis l'homme avait horreur de toute liqueur forte.

N'allant point à la messe, il dormait la grasse matinée du lendemain, et profitait de l'éloignement des gens de la maison pour préparer son déjeuner lui-même.

Avec quoi ? On n'avait jamais pu savoir.

Quelqu'un l'avait surpris à cuisiner une espèce de friture ni chair ni poisson, qui n'avait l'air de rien de connu, et dont personne ne put jamais deviner la nature.

Où allait-il ainsi une fois par semaine ?

Que faisait-il ?

Quel était le but de ces pérégrinations nocturnes ?

En quoi consistait cet étrange déjeuner ?

Ceux qui osèrent l'interroger là-dessus n'eurent pour toute réponse qu'un de ces coups d'œil qui n'invitent pas à recommencer.

En somme, ses allures n'étaient pas celles d'un chrétien ordinaire, et cela commençait à faire jaser.

On parlait de sortilèges, de sabbat, de rendez-vous macabres, de loups-garous, que sais-je ? Chacun comprend jusqu'où peuvent aller les cancans, une fois sur cette piste-là.

Il ne fut bientôt plus question, dans toute la paroisse, que du « sorcier à Pierre Vermette ».

Les passants s'arrêtaient à la dérobée pour le regarder travailler au loin dans les champs.

Quand on le rencontrait sur la route, les hommes détournaient la tête, les femmes se faisaient une petite croix sur la poitrine avec le pouce, et les enfants enjambaient les clôtures, pour « piquer » à travers le clos.

Et puis on l'accusait d'avoir le mauvais œil.

Si une vache tombait malade, si les poules refusaient de pondre, si une barattée de beurre tournait, le sorcier à Pierre Vermette était la cause de tout.

La réprobation publique s'attaquait même au fermier.

Pourquoi gardait-il ce mécréant à son service ?

Un bon paroissien, craignant Dieu, ne devait avoir aucun rapport avec ces suppôts de l'enfer. Il s'en repentirait bien sûr.

La fille de Nazaire Tellier n'était-elle pas morte de la « picote », parce qu'elle avait dansé avec un étranger qui s'était mis à table sans faire le signe de la croix ? C'était là un fait connu de tout le monde.

Un « coureux de nuit » comme ça, ne pouvait qu'attirer la malchance sur tout le village.

– Mon pauvre oncle Vermette – je laisse ici Napoléon Fricot s'exprimer directement, – mon pauvre oncle Vermette sentait bien qu'il aurait dû renvoyer son engagé.

Mais il y avait un marché ; et c'était encore de valeur, un si bon travaillant, sobre, tranquille, pas bâdreux, toujours le premier à la besogne et pas dur d'entretien !

À part le drôle de comportement qu'on lui reprochait, il n'avait pas de défauts.

Cependant, il faut bien songer à son âme tout de même, et mon oncle se promit de watcher l'individu, et de découvrir à tout prix le secret de ses escapades du soir.

Comme de fait, le samedi arrivé, il fit semblant de se coucher à la même heure que de coutume, et alla se mettre au guet derrière une corde de bois qui faisait clôture au coin de la maison.

Là, il attendit.

Un peu avant les minuit, la porte s'ouvrit ; et, comme le temps était assez clair, mon oncle vit l'Acadien descendre le perron tout doucement et traverser le chemin, après avoir jeté un coup d'œil défiant autour de lui.

Il portait à la main comme manière de petit sac, et marchait la tête baissée, l'air inquiet, en sifflotant, du bout des lèvres, suivant son habitude, quelque chose de triste qu'on ne connaissait pas.

À une dizaine d'arpents, sur la terre de mon oncle Vermette, il y avait une espèce de petit marais – une grenouillère, comme on appelle ça par chez nous – qui croupissait sous des flaques verdâtres, au milieu de vieux saules tortus-bossus et de grosses talles d'aunes puants.

On n'aimait pas à rôder dans ces environs-là, la nuit, vu

qu'un quêteux, que personne n'avait jamais ni vu ni connu, y avait été trouvé noyé l'année des Troubles.

Il avait les pieds pris dans les joncs ; sans cela, on ne l'aurait peut-être jamais découvert, tant la mare était profonde et sournoise.

C'est de ce côté que mon oncle vit l'Acadien se diriger.

Il sortit aussitôt de sa cachette, le suivit de loin, et le regarda aller, tant que la noirceur lui permit de l'apercevoir.

Mais quand il eut vu le grand diable disparaître sous les saules du marais, la souleur le prit, et il s'en revint à la maison.

Le lendemain, pendant la grand'messe, le bonhomme se reprocha son manque de courage, et jura bien d'être moins peureux le samedi d'après.

L'heure venue, il était embusqué de nouveau derrière la corde de bois. Seulement, sûr et certain que c'était la fraîche qui l'avait tant fait frissonner la première nuit, il s'était bien enveloppé cette fois dans une de ces grosses couvertes de laine grise qu'on jette sur les chevaux en hiver ; et, bien assis, le dos accoté comme il faut, il se laissa aller à sommeiller légèrement, en attendant son homme.

Tout se passa comme le samedi précédent, si ce n'est que mon oncle – qui n'était pas trop poltron, comme vous allez voir – suivit cette fois le rôdeur de nuit jusqu'à la grenouillère.

Là, la noirceur était si épaisse qu'il le perdit de vue.

Le vieux ne se découragea point. Avec le moins de bruit possible, il s'enfonça à son tour sous les branches, et arriva au bord de l'étang vaseux.

Pas un coassement de grenouille, pas un sifflement de crapaud ; c'était preuve qu'il y avait là quelqu'un avant son arrivée. Pas difficile de deviner qui.

Mon oncle s'accroupit et fit le mort.

Tout à coup, il aperçut une petite lueur qui remuait tout près de terre, de l'autre côté de la mare.

– Un drôle d'endroit pour venir fumer sa pipe ! fit à part lui mon oncle Vermette.

Et puis tout haut :

– Jacques ! qu'il dit.

J'ai peut-être oublié de vous l'apprendre, l'Acadien s'appelait Jacques.

Et voyant qu'on ne répondait rien :

– Jacques ! répéta-t-il un peu plus fort.

Même silence.

– Jacques !... À quoi sert de faire le farceur ? je sais bien que t'es là : réponds donc !

Point de réponse.

– Es-tu bête, Jacques ! reprit mon oncle Vermette. C'est moi, le bourgeois. Je sais bien ous' que t'es ; je sors de te voir allumer ta pipe. Tu peux parler va !

Motte !

Cela commençait à devenir épeurant ; mais, je l'ai dit, le bonhomme était pas aisé à démonter, et quand il avait une chose dans la tête, c'était pour tout de bon.

– J'en saurai le court et le long, se dit-il.

Et il se mit à suivre avec précaution le bord de l'étang.

La petite lumière qui aurait pu le guider, était disparue ; mais il connaissait les airs, et comme personne ne se serait sauvé sans faire du bruit, il ne pouvait manquer de rejoindre l'individu quelque part.

En effet, le vieux n'avait pas marché deux minutes, qu'il trébuchait sur le corps de quelqu'un étendu en plein sur le dos dans l'herbe.

– Hein !... fit-il en reprenant son aplomb avec un certain frisson dans le dos – ce qui était bien naturel ; qu'est-ce que c'est que ça ?

Mais à la lueur des étoiles, il eut bientôt reconnu Jacques.

– Allons, qu'est-ce que tu fais donc là, dit-il, grand nigaud ? Y a-t-il du bon sens de venir se coucher ici à des heures pareilles ? Voyons, lève-toi ; c'est comme ça qu'on attrape des rhumatisses et des maladies de pommons. Une drôle d'idée de dormir dans les champs en pleine nuit ! Allons, ho !... lève-toi, imbécile ! et à la maison, vite !

Mais il avait beau jacasser, pas de réponse.

On n'entendait tant seulement pas un souffle.

– Voyons donc, espèce de cancre, vas-tu écouter, une fois ! reprit le bonhomme en poussant Jacques du pied.

Jacque ne bougea pas.

– Dort-il dur, cet animal-là ! fit mon oncle en prenant son domestique au collet, et en le secouant comme un pommier. Allons, lève-toi ou je cogne.

Mais Jacques ne remua pas plus qu'une bête morte.

Le père Vermette ne savait trop quoi penser.

– En tout cas, dit-il, puisque tu veux absolument dormir là, tiens ! prends ça pour te préserver du serein.

En même temps il lui jetait la grosse couverte dont il s'était lui-même enveloppé les épaules pour passer la nuit dehors.

Mais, comme il se baissait pour couvrir de son mieux la tête du dormeur, voilà qu'il entend quelque chose de terrible lui bourdonner aux oreilles :

– Buz !... buz !... buzzzz !...

Le bonhomme n'eut pas plus tôt levé les yeux, qu'il jette un cri, perd l'équilibre et tombe à la renverse.

La lumière qu'il avait aperçue en arrivant était là qui voltigeait autour de sa tête, comme si elle avait voulu l'éborgner :

– Buz !... buz !... buzzzz !...

Mon oncle n'est pas un menteur, je vous le persuade. Eh

bien, il prétend qu'un taon gros comme un œuf n'aurait pas silé plus fort.

La lumière était bleuâtre, tremblante, agitée.

Elle rougissait et pâlissait tour à tour, flambant par bouffées, comme la flamme d'une chandelle secouée par le vent.

Elle montait, descendait, rôdait autour de la tête de Jacques, puis revenait à chaque instant sur mon oncle, en faisant toujours entendre son buz !... buz !... effrayant.

Revenu à lui, le père Vermette sauta sur ses pieds, fit le signe de la croix et prit sa course en criant :

– Un fi-follet ! je suis mort !

Mais la maudite lumière l'avait ébloui, et plac !... voilà le bonhomme à quatre pattes dans l'eau.

Le fi-follet – car c'était un fi-follet en effet – avait changé la mare de place.

Heureusement qu'elle n'était pas dangereuse de ce côté-là.

Le bonhomme, après avoir placotté quelques instants, se repêche tant bien que mal, et clopin-clopant, le visage noir de vase, les habits dégouttants, la tête égarée, plus mort que vif, arrive au presbytère et raconte ce qui vient de lui arriver au curé réveillé en sursaut.

– Malheureux ! s'écrie celui-ci, vous avez peut-être envoyé une âme en enfer !... Vite, montrez-moi la route. J'espère qu'il ne sera pas trop tard, mon Dieu !

Et ils partirent tous deux presque à la course, mon oncle geignant et suant la peur, tandis que le curé récitait les prières des agonisants.

– Tenez, tenez, monsieur le curé, le voilà, c'est ici ! fit le pauvre vieux, tout essoufflé, en s'approchant de l'étang et en désignant l'endroit où il avait vu Jacques endormi.

La petite lumière devenue une simple lueur trouble, hésitante et blafarde, flottait en vacillant comme la flamme d'un lampion qui s'éteint, et semblait haleter autour de la tête du dormeur, sur laquelle mon oncle avait jeté sa couverte.

Elle n'avait plus envie de faire buzzz ! j'en réponds.

– *A porta inferi libera nos, Domine* ! fit le prêtre en se signant.

Puis il s'approcha d'un pas ferme, se pencha, saisit le coin de la couverte et la tira rapidement à lui.

Psst !

La petite lumière disparut aussitôt dans la bouche de Jacques, qui s'éveilla tout à coup avec un cri si terrible, que mon pauvre oncle ne revint à lui que le lendemain matin.

Au petit jour, on le trouva sans connaissance, blême comme un drap et enveloppé dans sa couverte, derrière sa corde de bois.

La preuve qu'il y avait du surnaturel dans l'affaire, c'est que les hardes du bonhomme ne portaient aucune trace de son plongeon dans la grenouillère.

Huit jours après, le pauvre vieux était encore au lit, avec une fièvre de chien.

Le curé, qu'on avait fait demander, prétendit ne rien savoir : les prêtres n'aiment pas à parler de ces cinq sous-là, c'est connu.

Quant à l'Acadien, on remarqua qu'il était un peu pâle, mais il travailla toute la semaine comme si de rien n'était.

Seulement, le samedi suivant, il sortit de nouveau sur les minuit, et ne reparut pas.

Des pistes toutes fraîches conduisaient du côté du marais.

On les suivit, mais tout ce qu'on trouva, ce fut, à côté d'une glissade dans la vase, un petit sac rempli de cuisses de grenouilles – qu'on fit brûler.

Plusieurs jours plus tard, on découvrit le cadavre du sorcier, qui flottait parmi les joncs.

Tel fut le récit de Napoléon Fricot.

Si on ne croit pas aux *fi-follets* après ça...

Le manchon de ma grand'mère

La croyance aux tables tournantes semble dater de 1852 ; mais, en réalité, les tables ne sont pas les premiers objets inertes qui aient eu – au moins dans nos superstitions populaires – le privilège de tourner d'une façon mystérieuse.

À part les têtes – dont les facultés de rotation se manifestent généralement d'une façon si spontanée à la moindre apparence de surnaturel – il y a eu aussi les manchons.

Oui, les manchons.

Les énormes manchons en peau d'ours de nos grand'mères.

Il doit y avoir des vieux qui s'en souviennent encore, des énormes manchons en peau d'ours de nos grand'mères.

Moi, j'en ai vu un, que ma mère avait conservé au fond de sa garde-robe, comme un souvenir de famille.

Ses dimensions étaient colossales.

Il avait au moins une aune de long, comme on disait alors – c'est-à-dire à peu près une verge – sur un pied et demi de diamètre.

La beauté de la fourrure, dont le manchon était fait, comptait bien pour quelque chose, il est vrai ; mais la longueur et la grosseur du manchon lui-même indiquaient surtout le rang de la personne qui le portait.

Or, ma grand'mère était l'épouse du colonel de milice de son village ; jugez de la taille que devait avoir son manchon !

Je viens de me servir, je crois, du mot *porter* pour définir les relations possibles entre ces gigantesques articles de toilette et leurs propriétaires.

Le mot n'est pas absolument juste – à moins d'en renverser l'application ordinaire.

Ainsi, je crois bien que le susdit manchon aurait pu porter ma grand'mère ; mais ma grand'mère, bien sûr, n'aurait jamais pu porter le susdit manchon.

Aussi, ne s'en servait-elle qu'en voiture.

Suivant ce qui se racontait dans la famille, elle s'installait d'abord bien confortablement au beau milieu de l'arrière-siège de la « carriole » traditionnelle.

Puis mon grand-père, aidé de son cocher ou au besoin de quelque voisin serviable, insinuait le manchon à l'intérieur, en le plaçant droit en travers du véhicule.

Alors ma respectable aïeule laissait voluptueusement sa vaste « thérèse » bordée de loutre se perdre dans les touffes de poil d'ours du monumental manchon, tandis que le galant colonel, monté sur le « siège de devant », faisait claquer son fouet sur la tête de ses deux chevaux attelés en flèche.

Et l'équipage partait, rapide et imposant, les deux bêtes fringantes secouant avec orgueil leurs colliers de grelots, dont le plus petit était bien gros comme mes deux poings.

Telle était la manière dont ma grand'mère portait son manchon – un cadeau de sir John Caldwell, dont mon grand-père était l'inséparable compagnon de chasses et d'excursions forestières.

À part cette origine patricienne, ce manchon de ma grand'mère avait à son crédit une histoire tragique.

Il avait causé la mort d'un homme.

J'ai dit, en commençant, que, à l'instar des tables tournantes, ces manchons passaient pour avoir aussi le privilège de tourner – ou plutôt de rouler automatiquement.

Ce n'est pas tout ; nombre d'entre eux étaient, suivant la prétention commune, ensorcelés.

Ils sortaient la nuit et se payaient je ne sais quelle promenade de sabbat au clair de la lune.

On les rencontrait souvent, le soir tombé, le long des routes, sur la neige, où leur silhouette noire se dessinait grotesque et menaçante.

Ils roulaient, roulaient, roulaient, rrrrrr !... comme des fuseaux de rouets ; puis s'arrêtaient net et se dressaient sur un bout, avec des airs étonnés, comme pour vous regarder passer.

Tout à coup, votre cheval se cabrait en pleine route, et se mettait à renâcler d'une façon féroce.

Vous vous penchiez pour regarder en avant, et vous aperceviez, droit en face de vous et barrant le passage, une espèce de bête noire sans tête, ni queue, ni pattes : c'était un manchon en maraude.

Si vous n'aviez sur vous ni croix, ni chapelet, ni médaille bénite, ni pistolet chargé avec un cierge, le danger était grave : vous n'aviez qu'à tourner bride et vous enfuir au plus vite.

Quelquefois même – et c'était là ce qu'il y avait de plus épeurant – le spectre se mettait à votre poursuite en roulant tellement vite, que les meilleurs chevaux, ventre à terre, avaient toutes les peines du monde à le tenir à distance.

On arrivait ainsi tout en nage, après des lieues de course furibonde.

Alors vous vous retourniez : le manchon n'était plus là.

Et, auprès des gens qui ne connaissaient pas mieux, vous passiez pour un menteur, ou pour avoir dormi, ou pour avoir pris un coup de trop.

Bref, les fameux manchons « couraient le loup-garou », c'était bien connu.

On racontait là-dessus des choses... des choses... Enfin, dans certaines paroisses du sud du fleuve, les manchons coureurs de nuit étaient tellement nombreux que les personnes un tant soit peu superstitieuses, et même certains esprits forts n'osaient plus se risquer sur les routes, après soleil couché.

Jugez si les fumistes s'en donnaient à cœur joie.

Enveloppés dans des draps dont la blancheur se confondait avec celle de la neige, ils se mettaient à deux, chacun d'un côté de la route, avec un manchon passé dans une corde dont ils tenaient chacun un des bouts ; et, de cette façon, qu'ils avançassent dans un sens ou dans un autre, le manchon avait l'air de se mouvoir de lui-même en avant ou en arrière, tout seul au beau milieu du chemin.

Naturellement, les plus incrédules, en voyant cette chose extraordinaire venir droit au-devant d'eux, étaient pris d'une peur folle, et s'en allaient raconter, pâles de terreur, les aventures les plus invraisemblables.

Les pasteurs avaient beau ridiculiser la nouvelle superstition du haut de la chaire, on leur répondait par cet argument sans réplique :

– Que voulez-vous, monsieur le curé, moi qui vous parle, je ne suis pas un fou, et j'en ai vu un !

– Vous rêviez.

– Alors mon cheval rêvait aussi, puisqu'il a failli casser son brancard, et qu'une heure après il tremblait encore dans son écurie comme une feuille sèche.

Et la folle croyance se propageait ainsi d'une bouche à l'autre et de paroisse en paroisse.

Mais, puisqu'il s'agit en particulier du manchon de ma grand'mère, revenons, s'il vous plaît, au manchon de ma grand'mère.

Un automne que son aventureux mari était parti pour je ne sais plus quelle lointaine expédition de chasse, la bonne dame – parce qu'elle est morte à plus de quatre-vingts ans, j'ai failli dire la bonne vieille, sans songer qu'à l'époque dont je parle elle n'avait pas encore la cinquantaine – ce qui, mes contemporains l'admettront avec moi, est loin de constituer rien qui ressemble de près ou de loin à la vieillesse – la bonne dame, dis-je, était venue passer quelques semaines chez mon père, à Lévis.

Or l'absence de mon grand-père s'étant prolongée, la visite de ma grand'mère se prolongea de même ; de telle sorte qu'aux premières neiges on dut envoyer quelqu'un à Saint-Nicolas pour chercher ses vêtements d'hiver.

Le fameux manchon en faisait naturellement partie, et

naturellement aussi ce fut notre cocher – un nommé Cyrille Francœur – que mon père chargea du message.

Enchanté d'avoir cette mission de confiance à remplir, le gaillard ne se le fit pas dire deux fois.

Il attela *Dandy* – un grand beau cheval ardent en diable – à la petite « berline » de voyage, boucla ses plus belles clochettes à la martingale, et, les deux poings bien enroulés dans les guides, partit comme un trait en disant :

– Quatre lieues... huit lieues... je serai de retour avant les chandelles !

Mais il avait, paraît-il, mal calculé son affaire.

Les chandelles s'allumèrent ; on se mit à table pour souper ; la veillée même se passa ; et Francœur n'arrivait point.

Mon père se promenait de long en large, inquiet, et se demandait quelle pouvait bien être la cause de ce retard.

Il redoutait quelque mésaventure pour le cocher ; ce qui ne l'empêchait pas de craindre aussi quelque accident pour son cheval, qu'il affectionnait tout particulièrement.

De temps en temps, il jetait un regard anxieux à l'horloge – un vieux coucou de famille qui a sonné l'heure de ma naissance – il y a bien longtemps de cela !

Or, l'aiguille allait bientôt marquer minuit, lorsque tout à coup, un tintamarre enragé de clochettes se fit entendre, et, presque au même instant, nous vîmes Dandy se précipiter dans la cour comme une trombe.

Mon père sortit en hâte.

Le cheval était à la porte de l'écurie, blanc d'écume, frissonnant de tout son corps, et le dos sillonné de coups de fouet furieux.

La voiture était vide ; nulle trace de malle ou autre bagage ; jusqu'aux peaux de buffle de la voiture, tout avait disparu – moins le manchon de ma grand'mère qui gisait à quelques pas en arrière de la berline, tout noir sur la blanche couche de neige vierge.

Mon père releva l'objet.

Chose étrange, celui-ci était retenu par une ficelle passée dans son ouverture, et dont les deux bouts étaient attachés aux gardes en fer forgé qui prolongeaient leurs extrémités, sous prétexte d'ornement, à l'arrière du traîneau.

Soupçonnant de suite quelque diabolique machination, mon père eut bientôt fait de prévenir un voisin ; et, quelques instants après, ils partaient ensemble en voiture à la recherche du malheureux cocher.

On le trouva, au pied d'une montée, près d'une ornière creusée au détour de la route.

Il était étendu sur le dos, sans connaissance, et son fouet à la main, à côté de la malle de ma grand'mère, qu'un choc violent paraissait avoir à moitié disloquée.

Les peaux de buffle, le coussin, les mitaines, tout avait été semé par-ci par-là le long du chemin.

On connut plus tard les circonstances du drame.

Cyrille Francœur, qui s'était un peu attardé à Saint-Nicolas, auprès de quelque bergère de l'endroit probablement, avait cru devoir faire une assez longue station dans une auberge de New Liverpool, afin de n'avoir point à passer, avant le lever de la lune, le bois de Tréchemin qui avait mauvaise réputation, – pas à cause des brigands, mais à cause du diable, qui gardait là des trésors cachés lors de l'invasion américaine en 1775.

Or le pauvre cocher, après un verre de rhum ou deux, était devenu communicatif, et avait eu la mauvaise inspiration de confier ses craintes à quelques farceurs habitués du cabaret, qui se donnèrent le mot pour s'amuser aux dépens du nouveau venu.

On le questionna, et l'on n'eut pas de peine à connaître l'objet de son voyage à Saint-Nicolas, de même que le contenu de sa voiture, qu'il avait laissée sous une remise, dans la cour de l'auberge.

– Et vous n'avez pas peur de voyager la nuit, seul avec un manchon comme ça ? lui demanda-t-on.

– Pourquoi peur ?

– Pourquoi ? mais parce que ça peut attirer les autres.

– Attirer les autres !

– Oui ; et c'est ce qui est arrivé à mon grand-oncle Narcisse Gadoury, mort à soixante-dix-huit ans d'un tremblement qu'il avait attrapé, tout jeune, de cette façon-là !

– De quelle façon ?

– Dame, il voyageait comme vous, au clair de la lune, avec un manchon qu'il venait d'acheter à Québec pour sa femme. Arrivé dans le bois de Saint-Henri, il aperçut, derrière sa carriole, un, deux, trois, quatre... jusqu'à trente gros manchons qui viraient, qui viraient comme des toupies, et qui le poursuivirent jusqu'au calvaire de Saint-Isidore. Si mon grand-oncle Narcisse avait pas eu le fin trotteur qu'il avait, il aurait bien sûr jamais pu rejoindre le calvaire à temps, et le diable sait où serait sa pauvre âme au jour d'aujourd'hui. Je vous dis qu'il faut pas badiner avec ces affaires-là, moi !

– Ça, c'est vrai.

– Y a pas de doute !

– Moi, je m'y fierais toujours pas...

Et ainsi de suite.

Or, pendant cette conversation, les petits verres s'étaient succédé les uns aux autres, leurs propriétés émoustillantes plus ou moins activées par l'eau chaude, le gingembre, la muscade, la cannelle et le morceau de sucre.

Pendant ce temps-là aussi, les farceurs étaient de temps à autre sortis à la sourdine pour aller manigancer on se doute bien un peu quelle espèce de maligne conspiration sous la remise.

Bref, quand Cyrille Francœur, joliment éméché, vint enlever la peau de buffle étendue sur son cheval et prendre place, en titubant, sur le siège de la berline, après avoir juré une amitié éternelle à ses nouveaux camarades, le manchon de ma grand'mère – remplacé du fond de la voiture par une botte de foin de même dimension – reposait à l'arrière, dissimulé sur un étroit strapontin extérieur, d'où il ne pouvait manquer de dégringoler au premier cahot.

Or, comme on l'avait attaché à la berline de la façon que j'ai indiquée plus haut, il ne pouvait non plus manquer de suivre la voiture en roulant du même train qu'elle.

On devine facilement ce qui était arrivé.

Un peu pochard, comme je l'ai dit, et l'esprit hanté par l'histoire de l'oncle Narcisse Gadoury, le malheureux Francœur avait dû, en arrivant au bois de Tréchemin, tourner la tête pour regarder derrière lui.

Il avait aperçu le manchon, qui le suivait.

Et alors, une course folle, échevelée, avait commencé – une course qui devait se terminer par une chute fatale.

Revenu à lui, le malheureux revoyait sans cesse la vision qui l'avait terrifié.

Dans son délire, il s'écriait les yeux dilatés par l'épouvante :

– Les manchons ! les manchons !... un, deux, trois, quatre, trente !... Le calvaire ! le calvaire !...

On le transporta chez les siens, où il mourut trois mois après.

Coïncidence singulière, un des meurtriers involontaires du pauvre Francœur – un nommé Cauchon, brave père de famille et bon citoyen si j'en ai connu – fut frappé de mort, et mis en pièces par une locomotive, en janvier 1874, juste à l'endroit même, où, quarante ans auparavant, la pauvre victime d'une imprudente mystification avait roulé évanouie sur la route.

Le « Neptune »

Le diable a été le cauchemar de mes premières années.

Je n'étais pas un poltron, au contraire ; mais le seul nom du diable me donnait la chair de poule.

Ses cornes de taureau, ses pieds fourchus, sa barbe de bouc, sa queue de dragon, ses terribles ailes de chauve-souris, noires, gluantes, griffues, me faisaient frissonner rien que d'y penser.

Jugez si l'événement que je vais vous raconter était fait pour me rassurer.

Mon enfance a eu pour horizon l'amphithéâtre si pittoresque du bassin de Québec.

Mais de tout ce que j'avais sous les yeux, ce qui m'impressionnait le plus vivement, c'étaient les majestueux vaisseaux – navires à trois mâts, barques élégantes ou bricks légers – se balançant sur leurs ancres, avec leur ceinture blanche où se découpait une rangée de faux sabords, avec leurs pavillons pendant paresseusement aux drisses, avec leurs voiles soigneusement carguées ou séchant au soleil, avec leurs figures de proue ou leurs éperons en cagoulle se mirant dans la vague, et surtout avec les chants mélancoliques de leurs matelots penchés sur les guindeaux ou les cabestans.

Ces grands vaisseaux venaient de si loin !

Ils avaient vu des tempêtes, des zones inconnues, des climats dorés, l'immensité mystérieuse des mers.

Certains d'entre eux passaient même pour avoir fait le tour du monde... Imaginez !

Avec cela qu'ils avaient leur caractère.

J'en ai connu des bons et des méchants.

De très méchants, dont les vieux gabiers, tout noirs de

charbon, débarquaient la nuit, dans leurs longs canots à huit rames, pour enlever les moutards qui dérobaient des confitures, ou mordaient les doigts à leurs petites sœurs.

Mais aussi de très bons, dont l'équipage chantait de belles chansons marines, et apportaient – la nuit aussi – de jolis bébés roses aux mamans malades, pour les consoler.

Et puis, il y avait des histoires sombres, des légendes.

Des mousses volés à leurs parents, expirant sous la garcette, ou qu'on pendait aux antennes, quand ils pleuraient trop fort.

Des jeunes filles disparues pendant la messe du dimanche, pour s'être imprudemment promenées « sur le bord de l'eau ».

Une vieille ballade relatait même la chose sur un air langoureux qui me rendait tout rêveur :

> *Isabeau s'y promène*
> *Le long de son jardin,*
> *Sur le bord de l'île,*
> *Le long de son jardin,*
> *Sur le bord de l'eau,*
> *Sur le bord du vaisseau.*

Et caetera.

Enfin, ces arrivants des lointaines contrées, ces visiteurs exotiques qui apparaissaient ou disparaissaient comme de grands oiseaux de passage, et que, dans notre langage d'enfants, nous désignions sous le nom générique de « bâtiments », constituaient tout un monde pour mon imagination naissante.

C'étaient en même temps Croque-mitaine et les bonnes fées.

Ils avaient le redoutable cachet des choses ténébreuses et l'attirante poésie de l'inconnu.

En somme, je n'avais qu'un rêve à la fois doux et troublant : voir un bâtiment de près !

Ce rêve se réalisa. Mais la racine des cheveux m'en fait encore mal quand j'y pense.

Un gros navire – tout noir celui-là, avec un air rébarbatif et des écubiers qui vous regardaient d'une façon inquiétante – était ancré à deux encablures de la ligne de roches qui bordait le chenal du Saint-Laurent à marée basse, et que nous appelions les « Chaînes ».

Je devais être alors dans les sept ou huit ans.

Le fils d'un pêcheur de notre voisinage, qui était de quelques années plus âgé que moi, avait mis la main sur une paire d'avirons, et vint me proposer une promenade en canot.

Ce luxe m'était absolument défendu par arbitraire paternel : mais après tout, il n'y avait pas de danger.

Michel savait manœuvrer ; nous pouvions nous risquer au large, et même – qui sait ? – nous approcher du gros bâtiment.

Le père de Michel était absent, le mien aussi ; ils ne seraient pas de retour avant le soir ; maman me croirait à l'école ; personne n'aurait connaissance de notre escapade.

Et nous pourrions voir, tout près, tout près, le gros bâtiment noir.

Le gros bâtiment noir : la figure d'avant, le gouvernail, les ancres, les haubans, les mâts, les vergues, tout !

La proposition étant trop tentante, nous partîmes.

Il faisait un beau temps calme.

Le ciel était comme assoupi dans une transparence tranquille et sereine.

Et notre canot – un tronc d'arbre creusé – coulait comme sur une surface d'huile, où se reflétaient les mâts du grand navire, la pointe en bas, fichés tout droit dans je ne sais quels fantômes de nuages nageant au fond de profondeurs infinies.

J'ai encore dans l'oreille le clapotis sonore et

délicieusement doux des gouttes d'eau qui tombaient de nos avirons, en dessinant de petits cercles concentriques et mobiles sur le miroir d'argent fondu dont nous troublions la limpidité opaline.

Le cœur me battait un peu ; et je sentais mon émotion s'accentuer, en voyant le haut-bord grandir, grandir d'une façon formidable, à mesure que notre canot s'en approchait.

Quand nous fûmes tout près, il nous parut énorme.

Le pont était désert, ou tout au moins nous n'y vîmes personne.

Tout avait l'air de sommeiller à bord ; le navire lui-même semblait un grand corps mort, oublié et flottant à la dérive sur le cours endormi du fleuve.

Pas un bruit, si ce n'est celui du flot jaseur qui, se brisant sur la chaîne de l'ancre et sur le taille-lame de l'étrave, glissait le long des grands bordages cuivrés, avec de petits chuchotements de filet d'eau filtrant dans les herbes.

Le courant nous entraîna tout naturellement en poupe.

Nous pûmes admirer les hanches colossales du géant, les puissants gonds de fer et les lourdes conassières du gouvernail, avec, au-dessus, le nom du vaisseau sculpté en relief, au milieu d'arabesques dorées.

Il s'appelait le *Neptune*.

Ce nom ne nous disait absolument rien ; mais il n'en fut pas de même lorsque nous aperçûmes la figure d'avant – le dieu mythologique, allongé sous le beaupré, menaçant, couronne en tête et son trident au poing.

Pour nous, enfants de notre âge, ce ne pouvait être là que le Diable avec sa fourche !

De sorte que, soudainement effrayés, nous parions à virer de bord au plus près, quand, tout à côté de nous, éclata, subit, strident, sinistre, le plus épouvantable hurlement que j'aie jamais entendu de ma vie et que j'entendrai jamais, bien sûr.

Au même instant, une face farouche, horrible à vous figer le sang dans les veines, nous apparaissait dans l'encadrement d'un hublot, comme une tête de Méduse menaçante et injectée de sang.

Le cri n'avait rien d'humain.

C'était un beuglement inouï, une vocifération féroce d'horreur et de rage, à laquelle se serait mêlé un appel de suprême détresse.

Cela, frappant tout à coup nos oreilles dans ce grand silence et dans l'inquiétude vague de notre équipée clandestine, nous atterra.

Plus morts que vifs, Michel et moi, nous nous écrasâmes dans le fond du canot.

Restâmes-nous longtemps dans cette position ? Je ne sais.

J'ignore même comment nous regagnâmes le rivage.

Je me souviens seulement que, cette nuit-là, je ne dormis pas une seconde.

Aussitôt que j'osais fermer les yeux, j'apercevais toujours la terrible face du hublot, penchée sur mon lit, en même temps que l'inénarrable rugissement retentissait de nouveau, tout près de moi, dans les ténèbres.

Il en résulta une fièvre chaude qui retint ma mère à mon chevet toute la journée du lendemain.

Dans mon délire, je ne parlais, paraît-il, ni de Michel ni de notre promenade en canot – j'avais cet instinct – mais je voyais le Diable avec ses cornes de taureau, ses pieds fourchus, sa barbe de bouc, sa queue de dragon, ses ailes de chauve-souris, noires, gluantes, griffues... et sa fourche – la menaçante fourche à trois fourchons lancéolés que j'avais vue un instant suspendue sur ma tête.

Le samedi suivant, les journaux de Québec racontaient les péripéties d'un terrible drame arrivé à bord du *Neptune*, un navire de Liverpool, en rade dans les eaux de Lévis, vis-à-vis les Foulons.

Un arrimeur du nom de Vallée, qui avait travaillé à bord du

vaisseau, et qui était au courant des faits, nous les raconta dans tous leurs détails.

C'était un grand miracle, ni plus ni moins.

Un miracle à frapper d'épouvante toute une génération.

J'en abrège le récit.

Un matelot italien, un de ces bandits sans foi ni loi, ne craignant ni Dieu ni Diable, coureur, ivrogne, batailleur, capable de tout, véritable gibier de potence, s'était, depuis que le bâtiment avait jeté l'ancre dans le port, gorgé de rhum et de whisky, chaque fois que ses méfaits ne l'avaient point conduit à fond de cale.

Ce scélérat était la terreur des autres matelots, qui le fuyaient comme une peste, révoltés par ses blasphèmes et redoutant ses coups de couteau.

La discipline du bord était très relâchée, le capitaine lui-même ayant à cuver son alcool plus souvent qu'à son tour ; et les scènes d'orgie de l'Italien, encouragées par cet exemple, prenaient quelquefois un caractère démoniaque à mettre l'effroi au cœur des plus braves.

Quand on pouvait s'emparer du forcené, on l'attachait ; mais on n'y arrivait pas toujours.

Un soir qu'il avait bu plus encore que de coutume, au moment même où il proférait un de ses plus abominables blasphèmes, on vit tout à coup le chenapan, pris de hoquets, s'arrêter court, pâlir et finalement tomber sur ses genoux, les yeux fixes d'horreur, comme devant une épouvantable vision.

Puis il se releva et bondit en arrière en criant :

– Le diable ! le diable !... Sauvez-moi !

Et soudain, râlant de peur, se débattant comme un possédé, on vit le malheureux donner tête baissée et disparaître dans une écoutille.

Les témoins de cette scène, c'est-à-dire presque tout l'équipage, se précipitèrent aux échelles, tandis que l'ivrogne, fou de terreur, se réfugiait dans tous les coins, hurlant sur les tons les plus lamentables :

– Au secours ! au secours !... Le diable ! Sauvez-moi !... Il vient ! il arrive ! il m'empoigne ! il m'enlève !... Je suis damné !...

Et le maniaque se roulait par terre en sanglotant ; puis, avec des soubresauts de rage folle, se tordait dans des convulsions d'épileptique, la face et tous les muscles du corps hideusement contractés, s'accrochant désespérément à tout ce qu'il pouvait atteindre, surtout aux jambes de ses camarades, qu'il suppliait avec des accents à déconcerter les plus impassibles :

– Attachez-moi ! criait-il.

On l'attacha, solide.

– Enfermez-moi !

On l'enferma.

– Barricadez !

On barricada.

On entassa devant la porte du cabanon tout ce qu'on put y traîner de chaînes, de lourdes amarres, et de barres d'anspect.

On y roula même une grosse ancre et un canon.

L'énergumène hurlait toujours.

Durant trois jours et trois nuits on l'entendit se débattre et tressauter dans des accès furieux, se frappant la tête contre les parois de son cachot, luttant avec des cris de bête qu'on égorge, refusant toute nourriture et ne s'arrêtant pendant quelques minutes que pour reprendre haleine et recommencer de plus belle.

L'équipage – qui ne l'aimait guère, cela se conçoit – pris, du reste, de terreur superstitieuse, l'abandonna à son sort.

Le matin du troisième jour, on n'entendit plus rien.

Mais une puanteur nauséabonde, d'horribles émanations de chair grillée, qui venaient du cabanon où l'on avait enfermé le sacripant, se répandirent dans le navire.

C'était suffocant.

Les plus hardis ouvrirent la porte et reculèrent devant le corps du malheureux matelot, affaissé comme une loque informe, couleur de charbon et calciné jusqu'aux os, aussi répugnant à la vue qu'à l'odorat.

Le Diable avait fait son œuvre, conclut l'arrimeur. Après s'être emparé de l'âme du blasphémateur, il n'avait laissé de lui qu'un paquet de cendres et de débris repoussants.

– Parlez-vous sérieusement ? fit mon père.

– Sur mon âme ! répondit l'arrimeur.

– Un beau cas de *delirium tremens* et de combustion spontanée ! fit notre médecin de famille, qui se trouvait présent.

Je n'eus la clef du mystère que lorsque mes études m'eurent appris ce que c'est que le *delirium tremens* et la combustion spontanée.

De ce dernier phénomène, je viens de raconter peut-être l'unique exemple qui ait jamais été constaté en Amérique.

Celui qui en fut la victime je l'ai vu. Je ne l'ai vu qu'une minute, et il y a de cela tout près de cinquante ans ; mais le souvenir de la terrible vision n'est pas encore près de s'effacer de mon esprit.

Les dessous de l'histoire

L'année 1849 fut une période d'agitation pour le pays, et surtout pour la ville de Montréal, à laquelle une bande de fanatiques firent perdre, pour toujours sans doute, son titre de capitale, qu'elle posséderait probablement encore aujourd'hui.

Le fanatisme conduit rarement à d'autres résultats.

Rappelons succinctement les faits.

À l'exemple du Haut-Canada, qui, avant l'union des Provinces, avait voté une somme de cent soixante mille dollars pour indemniser les citoyens paisibles dont les biens avaient souffert par suite des insurrections de 1837 et 1838, le gouvernement Lafontaine-Baldwin avait soumis aux Chambres un projet de loi affectant une somme de quatre cent mille dollars aux mêmes fins pour le Bas-Canada, où les désastres causés par les mêmes événements avaient été beaucoup plus considérables.

Cette action du gouvernement libéral souleva des tempêtes.

Les haines de races, encore brûlantes, se ravivèrent, et le brandon de la discorde se ralluma aux quatre coins du pays.

Ce fut une lutte acharnée. On vit de nouveau aux prises presque tous les acteurs du conflit qui avait ensanglanté les échafauds dix ans auparavant.

Cette fois, au moins, la victoire resta finalement aux partisans de la justice et du bon droit. La majorité en faveur du bill fut de vingt-cinq – vingt quatre Anglais et vingt-quatre Français s'étant donné la main pour accomplir ce grand acte de politique réparatrice.

Des vingt-quatre Canadiens français, hélas ! pas un seul ne survit. C'est M. Chauveau qui s'est éteint le dernier, à l'âge de soixante-treize ans.

La bataille était gagnée, mais le fanatisme n'avait pas

désarmé.

La loi votée, on essaya d'obtenir un désaveu de la part du gouverneur général, lord Elgin.

On n'y réussit point.

Les supplications, les menaces, les injures – on employa tout – furent sans effet sur cet homme aussi ferme que consciencieux ; et le 25 avril, lord Elgin sanctionnait la nouvelle loi, connue aujourd'hui dans l'histoire sous le nom de « Bill d'indemnité ».

La huée fut sauvage. On siffla, on hurla, on poursuivit le représentant de la Souveraine avec des vociférations, des trognons de choux, des œufs pourris et des pierres.

Le soir, les députés s'échappèrent comme ils purent du Parlement mis à sac et incendié par un mob en furie.

Durant plusieurs jours, la ville fut au pouvoir des émeutiers, qui se livrèrent à des actes du plus odieux vandalisme.

Encouragés par certains journaux – le *Montreal Gazette* en particulier – ils brûlèrent ou saccagèrent les propriétés et les demeures des premiers citoyens de Montréal, et entre autres, la demeure de M. Lafontaine.

On ne parlait rien moins que d'exterminer tout ce qui portait un nom français dans le pays.

Heureusement que ces énergumènes se contentèrent d'en parler. Pour des raisons connues, ils ne mirent à exécution que des projets moins dangereux pour eux comme pour nous.

Après la prorogation des Chambres, les attaques de nuit recommencèrent. Les femmes étaient insultées et bafouées dans les rues. Lady Elgin elle-même ne pouvait plus sortir en voiture, sans s'exposer aux injures d'une lâche populace, qui se targuait d'agir au nom de la proverbiale loyauté britannique.

Cette nouvelle manière d'entendre la loyauté ne fut pas exclusive à Montréal. Elle se fit un peu générale dans tout le pays.

Partout où il y avait quelque groupe d'Anglais fanatiques on organisa des assemblées tumultueuses, on prononça des discours incendiaires, et l'on brûla le gouverneur en effigie, quand on ne se livra pas à des désordres plus graves.

Ces exécutions en effigie ne furent pas toujours, il est vrai, couronnées du plus brillant succès. À Québec, par exemple, la comédie fit un four colossal, et tomba au lever du rideau.

La scène avait lieu en face de la cathédrale, sur la place du Marché. Elle fut épique.

Le bûcher venait à peine d'être allumé aux applaudissements de la foule et aux éclats des fanfares, lorsqu'une escouade de durs-à-cuire du faubourg Saint-Roch débouchèrent par la rue de la Fabrique et, armés de manches de hache et de gournables, formulèrent avec énergie l'intention de prendre place aux premiers fauteuils d'orchestre.

De leur côté, les vaillants partisans de la loyauté britannique étaient bien armés aussi. Il en résulta un léger différend dans lequel les trouble-fête eurent le dessus.

Les statistiques officielles ne constatent pas combien il y eut d'yeux pochés, de têtes fêlées et de côtes enfoncées, mais il n'en reste pas moins acquis à l'histoire que, après quelques instants de pourparlers plus ou moins appuyés d'arguments *ad hominem*, l'effigie du gouverneur fut enlevée haut la main et mise en sûreté derrière les verrous de la cathédrale, sans qu'un poil de sa perruque blanche eût été seulement roussi.

Les loyaux sujets de Sa Majesté n'eurent qu'à rentrer chez eux paisiblement, tandis que les dépouilles opimes – sous forme de la susdite perruque, d'un bicorne à plumet, de passementeries et d'épaulettes en or, d'éperons en argent et d'une épée de théâtre, sans compter une tunique, un pantalon, un gilet, des bottes et du linge superfin – étaient loyalement partagées entre les vainqueurs, qui n'ont, j'en suis bien certain, jamais songé à s'en confesser.

Les échos de ces désordres et de ces luttes arrivaient jusqu'à notre humble village de Lévis, et soulevaient de singulières effervescences sous mon petit crâne de neuf ans. Ils y réveillaient je ne sais plus quelles idées belliqueuses, réminiscences chevaleresques des premières lectures, inquiètes aspirations mal définies, mais encore vibrantes sous l'impulsion des récents ébranlements sociaux.

Les pères ne faisaient plus fondre leurs cuillers pour en faire des balles ; mais les enfants ne s'avouaient pas vaincus.

Le nom de Papineau nous enthousiasmait toujours ; et toujours et malgré tout, nos petites cervelles rêvaient de revanche, de bataille et d'indépendance.

Les hommes, auxquels l'expérience a enseigné l'inutilité de toute résistance, peuvent s'indigner, menacer, mais ils se soumettent devant la nécessité.

Pour l'enfance inexpérimentée, au contraire, rien ne semble impossible. Elle est toujours prête à tenter le sort, si implacable qu'il soit.

Or les Anglais de Lévis, guère moins fanatiques que ceux de Québec, voulurent avoir, eux aussi, leur petite démonstration de loyauté.

Le jour fixé, le lieu choisi – c'était à deux pas de chez mon père, au fond d'une anse formée par un retrait du rocher qui borde le Saint-Laurent à cet endroit – les invitations furent lancées.

Une belle occasion pour les déconfits de Québec de se refaire le moral !

Tout avait été mis en œuvre pour assurer un succès sans précédent. Dans l'après-midi, les barils de goudron s'échaufaudèrent en pyramides, entremêlés de bottes de paille imbibée d'huile ; et sur le tout, on dressa un mannequin à cheveux blancs, tout doré sur tranche, et tenant dans sa main un rouleau de papier censé représenter le fameux bill, prétexte à tout ce tapage.

Les préparatifs s'étaient faits sous la surveillance et la protection d'un piquet d'hommes armés de pied en cap, et qui, jusqu'au moment de la cérémonie, firent sentinelle autour de ce monument de loyalisme nouveau modèle, avec une bravoure que la postérité, si elle s'en rapporte à mon témoignage, ne saurait leur contester – bravoure mise du reste à l'épreuve par l'attitude menaçante d'une poignée de moutards qui regardaient faire avec une curiosité mal dissimulée.

Depuis quelques jours, des assemblées secrètes avaient eu lieu – mon père en était – dans le but d'aviser aux moyens à prendre pour repousser l'affront qu'on nous préparait.

Les habitants des « concessions » s'étaient armés et organisés à tout hasard ; ceux des « chantiers » étaient prêts à marcher et n'attendaient que le signal d'agir.

Une bagarre sanglante était possible. Le jour arrivé, jusqu'à midi, elle fut imminente. Un homme fit tourner les cartes.

Le curé, averti de ce qui se passait, parcourut les rangs, visita les chefs, défendit toute voie de faits sous les peines les plus sévères ; bref, tua le conflit dans l'œuf.

À la tombée de la nuit, chacun se claquemura chez soi, portes et contrevents hermétiquement clos ; et ce fut la rage au cœur et les poings crispés que mon père entendit passer, dans les éclats de rire et les acclamations gouailleuses, les équipages de luxe, les tambours et les cuivres en goguette, avec le petit canon qu'on s'était procuré à bord d'un navire pour rehausser l'éclat de la fête par d'aussi solennelles que loyales détonations.

Nous n'avions pas allumé de lumière. La maison était triste comme un tombeau.

– Couchons-nous ! grommela mon père.

Tout le monde obéit, à deux exceptions près.

Pour moi, je ne fis que semblant, de même qu'un jeune garçon du nom de John Campbell – mort il y a peu de temps à Montréal – un orphelin de quelques années plus âgé que moi, que mon père avait recueilli à l'âge de trois ans, et élevé depuis comme son propre enfant.

À nous deux, nous avions formé un projet.

Ce projet était hardi pour des gosses ; mais il était en même temps bien simple, comme vous allez voir.

Au lieu de monter à nos chambres, nous filâmes par la porte

160

de service ; et, sans plus d'hésitations, nous nous mîmes à gravir l'escarpement de la falaise qui se dressait à pic en arrière de notre demeure.

C'eût été chose impossible pour quelqu'un de moins expérimenté que nous, tant il faisait sombre ; mais nous étions familiers avec tous les détours des sentiers, toutes les anfractuosités du sol, et l'ascension ne fut pas longue.

Chemin faisant, nous emplissions nos poches de cailloux, de galets et de morceaux de tuf, de peur de ne pas trouver là-haut ce qu'il nous fallait pour mettre notre plan à exécution.

J'y allais consciencieusement pour ma part ; si consciencieusement, qu'en atteignant le sommet, je me trouvai tellement lesté que mon camarade dut m'aider à franchir le rebord, hérissé de broussailles, qui surplombait au-dessus des profondeurs enténébrées dont nous émergions.

Grâce à cet appoint, je réussis tant bien que mal à me hisser auprès de mon compagnon ; et bientôt nous fûmes tranquillement accroupis dans les hautes herbes à deux cent cinquante pieds au-dessus de la foule des manifestants, dont les éclats de rire et les exclamations joyeuses arrivaient, sonores ou perlées, jusqu'à notre cachette.

Tout à coup :

Boum !...

Un coup de canon ébranla le rocher. Puis une sonnerie de clairons éclata dans la nuit.

Au même instant, un jet de flamme jaillit du bûcher, un formidable hourra retentit au loin, et une houle compacte de têtes grouillantes et rieuses apparut à nos yeux, massée en un cercle flamboyant, tandis que, parmi les roulements de tambours et les cris de triomphe, les cornets, les trombones et les ophicléides lançaient les premières notes du *God save the Queen*.

Il y a de cela tout près d'un demi-siècle ; et j'ai encore le spectacle sous les yeux. C'était, autant que je me rappelle, magistralement beau.

Mais cela ne dura que quelques secondes. Presque au même

instant, une clameur terrifiante traversa les airs. La foule, après avoir tourbillonné un moment comme un amas de feuilles sèches secouées par une rafale, prit la fuite de tous les côtés à la fois, et se dispersa au loin dans les espaces noirs, laissant la flamme du bûcher monter solitaire, avec sa colonne de fumée, vers les hauteurs où nous étions.

C'étaient nous, les malheureux ! – la plume m'en tremble encore aux doigts en écrivant ces lignes – qui, sans songer un instant aux conséquences, sans réfléchir au poids terrible dont nous risquions de charger nos consciences pour la vie entière, sans nous rendre compte que nous commettions là un crime lâche et atroce, c'était nous, dis-je – mon camarade et moi – qui venions de lancer sur cette foule sans défense, sur cette foule où il y avait des femmes et des enfants, sur cette foule inoffensive après tout, une volée de pierres dont la moitié d'une aurait pu tuer raide celui qui l'aurait reçue sur la tête !

Oh ! la politique !

Par un hasard qui tient du miracle – Dieu sait si je le remercie souvent de m'avoir épargné un tel remords – nos projectiles, heureusement, n'atteignirent personne.

Mais la panique fut inexprimable.

On transporta des femmes évanouies jusque chez mon père.

Pauvre père ! lui si humain, si compatissant, toujours hanté par la crainte de faire du mal à quelqu'un, s'il avait su !...

En somme, ce soir-là, si l'effigie de lord Elgin fut consumée, personne n'eut raison de s'en réjouir : la peur provoquée par deux gamins avait été telle que les loyaux sujets de Sa Majesté n'eurent plus même la pensée d'affirmer la solidité de leurs principes par d'autres démonstrations de ce genre.

Je suis bien convaincu que les survivants – s'il en reste – s'imaginent encore avoir été attaqués, cette nuit-là, par une armée de brigands.

Qu'ils ne me gardent pas rancune, au moins !

Je me suis repenti.

La chasse à l'homme

Cet été-là – je parle de 1855 – la population du village qui devint plus tard la ville de Lévis, vécut dans une alerte continuelle.

Il fut même un temps où l'on put craindre que les citoyens affolés ne se portassent aux plus regrettables extrémités.

Voici ce qui avait donné lieu à cette exaspération insolite dans un milieu d'ordinaire très paisible.

Un après-midi du commencement de juin, les habitants des environs de l'église Notre-Dame entendirent crier : *Au feu !* et les grondements sinistres du tocsin portèrent l'alarme à plus d'un mille à la ronde.

On accourait de tous les points à la fois.

– Où est le feu ? demandait-on.

– À l'église ! C'est l'église qui brûle...

En effet, une épaisse fumée s'échappait par la fenêtre ouverte de l'une des sacristies latérales – celle qui servait de vestiaire aux enfants de chœur et aux chantres.

À cette époque, Lévis n'ayant pas de pompes à incendie, une organisation de pompiers avait paru superflue, et le public s'y trouvait complètement désarmé devant la possibilité d'un désastre.

Néanmoins, comme il est des hommes de cœur partout, de hardis jeunes gens pénétrèrent dans l'église ; et, grâce à leurs efforts, l'édifice – alors tout récemment construit – fut heureusement sauvé de la destruction.

Le feu avait pris en plein jour, dans une armoire à surplis : on en conclut naturellement qu'il ne pouvait être que l'œuvre d'un incendiaire.

Le doute ne fut plus permis, lorsque, deux jours après, le feu se déclara de nouveau dans l'église.

Il avait été allumé, cette fois, à deux endroits simultanément ; sous l'un des autels, et au fond d'une stalle, dans le jubé de l'orgue.

Comme la première fois, le commencement d'incendie n'eut pas de suites sérieuses, matériellement parlant. Mais on conçoit sans peine dans quelle stupéfaction cette nouvelle tentative criminelle jeta la population de l'endroit.

On improvisa une espèce d'enquête ; mais les plus habiles investigations restèrent sans résultat. Personne n'avait été vu. Rien de suspect n'avait été remarqué. Pas un indice, pas un soupçon, rien !

Il y avait pourtant là un incendiaire en chair et en os, c'était évident ; mais quel était le coupable ? Quel était surtout le mobile du crime ? On se perdait en conjectures.

Il va sans dire que des gardiens furent installés en permanence dans l'église, – ce qui rendit impossible tout attentat du même genre, au moins de ce côté.

Les gens commençaient à respirer, lorsqu'un soir le tocsin retentit de nouveau.

On se précipite au dehors. Le ciel était tout rose, et une grande lueur rousse éclatait du côté de Saint-Joseph. C'était l'écurie d'un nommé Ignace Bourget qui flambait comme une torche.

On sait la curiosité que provoque un incendie à la campagne. En un instant, le chemin conduisant à Saint-Joseph fut couvert de piétons qui hâtaient le pas, ou plutôt couraient à toutes jambes vers le théâtre de l'accident.

Point de sauvetage à opérer, cependant. Tout ce qu'on put faire fut de protéger les constructions avoisinantes, à l'aide de draps, de couvertures et de tapis trempés dans l'eau.

Mais à peine les flammes commençaient-elles à céder devant les efforts des travailleurs, et surtout devant le manque d'aliments à dévorer, qu'une nouvelle clameur se fit entendre.

Un autre incendie venait de se déclarer du côté de Notre-Dame.

C'était la grange d'un nommé Hallé, qui brûlait sur les hauteurs où s'étend aujourd'hui la paroisse de Saint-David.

De mémoire d'homme, on n'avait jamais été témoin de semblables choses.

Et ce ne fut pas tout.

Trois jours plus tard, la remise d'un charretier, aux environs de la gare du Grand-Tronc, était réduite en cendres dans des circonstances tout aussi suspectes.

On ne parlait plus que de cette épidémie d'un nouveau genre qui, loin de décroître, prenait au contraire de nouvelles proportions tous les jours.

À chaque soleil que Dieu amenait, on signalait de nouvelles tentatives de destruction. Dans les dépendances extérieures surtout, sous les hangars, dans les fenils, derrière les cordes de bois, les piles de planches ou de madriers, à chaque instant, la nuit, on voyait jaillir une lueur ou monter une petite fumée. C'était le feu !

Tout au moins découvrait-on de petits paquets de paille roussie, de légers amas de copeaux que la flamme avait noircis, avec quelques boîtes d'allumettes flambées.

Le tocsin nous éveillait presque toutes les nuits.

Une des pompes à incendie de Québec avait été laissée en permanence de notre côté du fleuve.

Tout le monde faisait la patrouille autour des bâtiments.

Nul besoin de dire que c'était là une fête pour nous, gamins de quinze à seize ans. Nous voir armées de pied en cap avec des sabres, des fusils, des pistolets, arpenter le trottoir et rôder autour des maisons, circonstances et dépendances, c'était, on en conviendra, une aubaine inespérée.

Jamais nous n'avions encore eu à jouer un rôle de cette importance, la nuit surtout.

Nous n'avions même jamais rien rêvé de pareil ; et maints des nôtres n'étaient pas loin d'en savoir un certain gré au mystérieux incendiaire.

À la longue, cependant – tant il est vrai que les plus belles choses ont leur mauvais côté – ces factions nocturnes, trop nombreuses et trop prolongées, finirent par manquer de gaieté.

D'autant plus que, souvent, le feu prenait à deux pas de nous, presque sous notre nez, comme pour narguer notre vigilance.

En général, nous faisions notre apparition à temps pour l'éteindre – ce qui démontrait, après tout, que nos services n'étaient pas absolument inutiles – mais quelquefois aussi, suivant les invariables traditions de toutes les patrouilles du monde, nous arrivions plus tard...

Alors il fallait voir pleuvoir sur nos fronts les bénédictions des propriétaires lésés, qui, sous prétexte que nos services avaient pour objet de combattre les incendies, je suppose, trouvaient tout naturel de ne nous traiter qu'à l'eau claire.

On conçoit si tout cela faisait du potin.

Personne ne pouvait mettre la main sur le misérable ; mais on n'a pas d'idée comme tout le monde – les femmes surtout – le connaissait, ou tout au moins l'avait vu quelque part et l'avait parfaitement reconnu !

Seulement, les mieux renseignés ne s'accordaient point sur le signalement de l'individu.

C'était d'abord une vieille, horriblement laide – naturellement – l'air méchant et sournois, qui portait un paquet sur son dos – des allumettes, sans aucun doute.

On ne l'avait pas précisément vue mettre le feu ; mais elle avait – nombre de gens pouvaient l'affirmer – jeté un coup d'œil de travers par-ci par-là sur les granges, sur les appentis, sur les remises, sur les bûchers, sur les maisons en construction... Qu'exiger de plus ?

D'autres, bien informés aussi, prétendaient, au contraire, que c'était un vagabond inconnu, tout noir, avec une figure de meurtrier et des yeux... des yeux... qui vous figeaient le sang dans les veines.

Pas l'ombre d'un doute pour celui-là. Il était entré chez un épicier, avait acheté quelques biscuits, et le commis lui ayant dit :

– Il fait chaud, n'est-ce pas ?

Il avait répondu :

– En effet, mais il pourrait bien faire encore plus chaud demain.

Or, le lendemain, un des *sheds* du Grand-Tronc avait brûlé. C'était bien la preuve, comme on voit...

Et ainsi de suite.

Il est vrai qu'il ne manquait point de gens un peu moins crédules, qui ne se laissaient point berner par toutes ces histoires à dormir debout.

Suivant ces derniers, c'était tout simplement la colère divine, punissant les citoyens qui faisaient des démarches auprès du gouvernement pour ériger la Pointe-Lévis en municipalité de ville. Pourquoi chercher midi à quatorze heures ?

Il n'y avait pas à en douter, du reste ; on avait trouvé un morceau de souffre dans la cour à Jacques Jobin, qui avait « passé par les maisons » pour faire signer les requêtes.

Ajoutez que Jœ Bisson, en revenant de Saint-Henri, à deux heures du matin, la veille du jour où le feu s'était déclaré dans l'église, avait aperçu dans le ciel une drôle de lueur qui avait la forme d'un V.

Allez donc nier l'évidence !

Quoi qu'il en fût, la consternation publique ne diminuait pas, et les mystérieux incendies n'en continuaient pas moins leurs ravages.

Un dimanche, le curé ordonna des prières publiques.

À l'issue des vêpres, un enfant accourut avec une nouvelle : il avait vu un homme de mauvaise mine se diriger, avec une boîte d'allumettes, vers un petit hangar appartenant à Thomas Demers. En apercevant l'enfant, l'inconnu avait rebroussé chemin, et s'était enfoncé dans le « bois des Guenettes ».

Nul doute, cette fois, on tenait l'infâme.

Il n'y eut qu'un cri de rage. Hommes, femmes et enfants, tous s'armèrent de bâtons, de tisonniers, de pierres ; et la chasse à l'homme commença.

Il serait trop long de raconter les péripéties de cette course folle à travers champs, où, durant plus de deux heures, les aboiements des chiens se mêlèrent aux cris de vengeance des trois ou quatre cents personnes engagées dans la poursuite du malfaiteur qu'on guettait depuis si longtemps.

Enfin, les acclamations de triomphe se firent entendre.

Traqué comme une bête fauve, cerné de toutes parts, épuisé par la course, à bout d'haleine, livide de terreur, le fugitif était tombé à genoux les mains jointes, et demandait grâce dans une langue inconnue.

– Une corde ! une corde ! criait-on autour de lui.

Parole d'honneur, si l'objet se fût trouvé là sous la main, je crois qu'un cadavre se serait balancé à quelque branche d'arbre, moins de cinq minutes après cette singulière capture.

Heureusement qu'il ne se trouva que de la ficelle – des cordes de toupie, le *vade mecum* de tous les gamins de cette époque – qui servit à ligoter le prisonnier, lequel pliait le dos sous les huées, tâchant d'éviter les bourrades et même les soufflets de la marmaille, qui formait la majeure partie de cette populace exaspérée.

– Chez le juge de paix ! crièrent les plus sages.

– À la justice ! à la justice ! appuyèrent les autres.

Et la procession se mit en marche.

Sur une distance de trois milles au moins, le pauvre diable déambula, ou plutôt clopina entre deux forts à bras qui lui tenaient la poigne au collet, suant, geignant, trébuchant sous la bousculade, et tremblant comme une feuille sous la tempête d'invectives et de vociférations qui le suivait.

Enfin, on arriva chez le juge de paix – M. Louis Carrier qui fut le premier maire de Lévis – et l'interrogatoire commença, grâce aux services d'un interpète qui se rencontra dans une famille anglaise de l'endroit.

Hélas ! nous avions fait buisson creux, ou tout au moins, nous avions mis la main sur un innocent. Le prévenu n'était qu'un pauvre matelot déserteur, échappé d'un navire norvégien en rade de Québec.

Il s'était imaginé qu'on le poursuivait pour le livrer à son capitaine.

Quand il se vit libre, sa joie fut exubérante. Il nous serrait les mains, et semblait ne savoir que baragouiner pour nous remercier.

Franchement, c'était bien le cas ou jamais de répondre : Il n'y a pas de quoi !

Le lendemain était le 13 juillet 1855 ; et la *Capricieuse*, le premier vaisseau de guerre français qui eût visité le Saint-Laurent depuis la cession du pays à l'Angleterre, jetait l'ancre dans notre port aux acclamations de tout un peuple.

Cela fit diversion pour quelques jours. Mais un soir la lueur fatale éclata de nouveau, et la foule se rua comme à l'ordinaire, vers le lieu du sinistre. La grange de Thomas Fraser était en feu.

Cette grange occupait un des sites les plus pittoresques de Lévis, couronnant cette pointe de rocher contourné par la « côte à Bégin », seule route qui conduisait du fleuve aux hauteurs de Bienville.

Point d'endroit plus avantageusement situé pour permettre à l'instinct destructeur d'un incendiaire tout le déploiement de majesté sauvage que doit ambitionner le crime, quand il n'est pas l'œuvre d'un criminel vulgaire.

Décidément, le nôtre – s'il faut en juger par la brillante féerie dont il se paya le luxe ce soir-là – était un artiste ; et les habitants de Québec durent avoir sous les yeux un spectacle dont ils se souviendraient encore, s'ils n'étaient pas un peu gâtés sous le rapport des conflagrations.

De notre côté, comme on commençait à se blaser, nous regardions assez froidement monter vers le ciel les grandes spirales de flammes et de fumée qui allaient se réverbérer au loin dans les eaux du fleuve au bénéfice des Québecquois, des habitants de Beauport et des « sorciers » de l'Île d'Orléans.

Tout à coup une vaste exclamation retentit :

– Les Français ! les Français !...

Cinq ou six longs canots chargés d'hommes s'étaient détachés des flancs de la corvette, avaient pris terre dans ce que nous appelions « l'anse à Beaulieu », et les hardis marins de la France gravissaient la côte au pas de course, avec une petite pompe, des boyaux, des seaux, des grappins et des haches d'abordage.

Et à l'œuvre !...

Ce fut une scène magnifique. Il fallait voir travailler ces braves gens ! On ne savait ce qu'il fallait le plus admirer : leur courage, leur discipline ou leur intelligence.

La grange n'en fut pas moins rasée de fond en comble, mais l'incendie fut maîtrisé et restreint de telle sorte que le voisinage – menacé d'abord – fut préservé de tout dommage.

Le dévouement des marins français ne resta pas sans récompense.

La reconnaissance d'un vieux richard de l'endroit – un de ceux qui avaient eu le plus de crainte pour leurs propriétés – se manifesta sur le champ.

Je ne nommerai pas ce noble enfant du pays, de peur de suggérer aux citoyens de ma ville natale l'idée dispendieuse de lui élever une statue de bronze.

– Sapristi ! sapristi ! dit-il, y a-t-il moyen de voir quelque chose de plus beau ? On ne peut pas laisser passer cela comme ça. Ces braves gens ne retourneront pas à bord sans qu'on leur ait servi quelque chose pour les rafraîchir !...

Un tremblement de terre n'aurait pas plus surpris ceux qui

l'entendirent ; mais il fallait bien se rendre à l'évidence ; le vieux allait se fendre, de son propre chef, et sérieusement.

La nouvelle se répandit comme une traînée de poudre, et chacun accourut pour être témoin du miracle. On parlait des noces de Cana.

Quelques minutes après, les invités se massaient dans la cuisine du généreux citoyen, qui leur offrait à chacun, de ses propres mains, le contenu d'un gobelet de fer-blanc, en leur disant d'une voix émue :

– Je m'en vas vous servir moi-même ; vous méritez ben ça. Buvez, buvez, nos gens ! Ça vous fera pas mal ; c'est de la bonne eau de *ressource* ; vous n'avez pas souvent d'eau si fraîche dans le voyage !

Est-il besoin d'ajouter, qu'après avoir été témoins d'une pareille largesse, les spectateurs ne se séparèrent pas sans pousser quelques hourras en l'honneur de l'étonnant amphytrion.

Quant aux marins français, ils s'en retournèrent à leur vaisseau sans murmurer, mais surtout... sans trébucher.

La seule remarque que j'entendis faire, fut celle d'un mousse qui disait :

– Nom d'un chien ! ils ne sont pas près d'en avoir, des incendies, après ce déluge-là !

Le plus drôle, c'est que le petit matelot disait vrai. Ce fut le dernier incendie qui affligeât Lévis pour des années.

Quel était l'incendiaire ? me demandez-vous.

On ne l'a jamais su d'une façon certaine. Seulement, quelques mois après ces événements, il transpira une singulière histoire.

On prétendit qu'un très respectable citoyen de Lévis, un dimanche soir, avait surpris son neveu – jeune homme de bonne famille et d'une réputation intacte – en train d'allumer mystérieusement un peu de paille dans la propre grange de son oncle.

– À la première apparence d'incendie quelque part, lui avait dit ce dernier sur un ton qui ne sentait pas le badinage, point de considérations de famille, mon gars : la justice tout simplement !

On mit le tout sur le compte d'une monomanie.

C'est assez plausible ; mais plusieurs inclinent encore à croire que, si tout rentra dans l'ordre après l'incendie de la grange de Thomas Fraser, il faut l'attribuer à la prédiction du petit mousse de la *Capricieuse*.

Une complainte

Je l'ai déjà dit quelque part, en face de la maison de mon père se déroulait une vaste grève, où – dans les beaux jours de l'exploitation de nos forêts au profit des capitalistes d'Angleterre – de grands trains de bois, véritables jangadas à la voile, venaient atterrir, et de là s'éparpiller en *rafts* pour le chargement des vaisseaux.

Ces trains de bois s'appelaient des cages, et le commandant ou chef de *gang* – on appelle *gang* une escouade de travailleurs – se nommait en style élevé, ce qui arrivait quand le titulaire avait obtenu une certaine réputation de supériorité, un « bourgeois de cage ».

Le plus célèbre de tous les bourgeois de cage que j'ai connus, ou que j'ai vus plutôt – car en général ces importants personnages ne s'amusaient guère à la marmaille – fut Jœ Montferrand, que sa taille et sa force herculéennes ont sacré héros populaire, et dont la gloire dure encore.

Mais il en est un autre qui, par son caractère élevé, par ses qualités physiques et intellectuelles, m'a laissé un souvenir beaucoup plus attrayant.

C'est Baptiste Lachapelle.

J'avais entendu parler de Baptiste Lachapelle longtemps avant de le voir.

Dans notre canton, il ne manquait point de gens qui passaient l'hiver dans les chantiers du Haut-Canada, qui « allaient en hivernement », suivant leur expression.

Les plus vieux n'y retournaient pas ; et, l'été, ils « travaillaient de la grand'hache », c'est-à-dire faisaient de l'équarrissage, ou manœuvraient les rafts.

C'était auprès de ces derniers que j'aimais à passer de longues heures, assis sur quelque espar, à écouter les conversations, bercé par les cris lointains des *bômiers* et la musique cadencée des coups de hache, sonnant clair dans le flanc des plançons et des billes, avec des effets de sonorité très doux.

Presque tous ces anciens « voyageurs » avaient connu Baptiste Lachapelle, et en parlaient comme d'un être supérieur, mais en même temps fort excentrique.

Il était beau, il était grand, il était fort, il était bon.

Il composait des complaintes et des chansons tristes qu'il chantait avec une voix qui faisait pleurer.

Quand il arrivait de voyage, du haut de sa cage ou de son « canot d'écorce », il entonnait quelqu'un de ses chants mélancoliques ; et tout le monde disait :

– Voilà Baptiste Lachapelle !

On racontait de lui des choses étonnantes ; des actes de dévouement extraordinaires, des exemples de désintéressement inouïs.

Il était le protecteur des faibles, la providence des orphelins et des pauvres.

Sa vie ne comptait pas, lorsqu'il s'agissait de secourir quelqu'un dans le péril.

Un jour, dans les Chaudières de l'Ottawa, il avait sauvé quatre camarades qui se noyaient, lui-même n'échappant à la mort que par miracle.

Il était toujours pensif, et généralement seul.

On avait vu quelquefois de grosses larmes lui monter aux paupières ; jamais on ne l'avait vu rire.

Il n'aurait pas tué une mouche ; et pourtant il entrait parfois dans des colères terribles. C'était quand on frappait sous ses yeux quelqu'un qui ne pouvait se défendre, ou qu'il entendait injurier le nom de Dieu ou de la Vierge.

Sur sa cage, il tolérait les jurons, jamais il ne souffrait un blasphème.

Enfin, Baptiste Lachapelle était, pour ces hommes primitifs, une espèce de héros de roman, qui avait eu, dans le Nord-Ouest où il avait fait la traite avec les sauvages, bien des aventures mystérieuses, et dont la jeunesse avait été troublée par une de ces histoires d'amour qui influent sur toute une destinée, quand elles ne la brisent pas du coup.

Cette histoire d'amour, Baptiste Lachapelle l'avait chantée lui-même, dans une de ses complaintes – dont il était à la fois le poète et le musicien.

Cette complainte de Baptiste Lachapelle n'était autre chose qu'une naïve ballade racontant une de ces éternelles infidélités du cœur, toujours les mêmes et pourtant toujours nouvelles ; une de ces banalités de l'existence qui, cependant – chez certaines âmes assez imprudentes pour mettre, suivant l'expression populaire, tous leurs œufs dans le même panier – équivalent à des catastrophes.

Je l'avais entendu chanter, cette complainte, par les travailleurs du chantier, mais surtout par une petite bonne qui nous venait « de par en haut », et qui possédait une voix tout particulièrement adaptée à ce genre de mélodies, dont la monotonie rêveuse et traînante parle si éloquemment aux sentiments des populations naïves.

Plusieurs fois le jour – surtout quand elle voulait endormir mon jeune frère – on l'entendait chanter :

> *C'est Baptiste Lachapelle*
>
> *Des beaux pays lointains ;*
>
> *Il aimait la plus belle :*
>
> *Hélas ! cruels destins !...*

Alors je devenais songeur.

J'aurais voulu, moi aussi, être un Baptiste Lachapelle quelconque, fier coureur d'aventures, aimer « la plus belle », et payer – au prix des plus « cruels destins » – l'honneur de voir mon nom figurer à la rime dans quelque chanson de village modulée par cette voix douce et triste de la petite bonne.

En attendant, je caressais au moins ce rêve : voir « Baptiste Lachapelle des beaux pays lointains ».

Chaque fois qu'une cage s'arrêtait en face de chez nous, et venait s'amarrer le long des « bômes » tendus d'une jetée à l'autre, c'était une fête pour les gamins de l'endroit, qui allaient vendre des « bâtons de tire », des torquettes de tabac et des pipes neuves aux arrivants.

Pour moi, que ni mes parents ni mes dispositions ne destinaient au commerce, c'était le coup d'œil qui m'intéressait.

Ces grandes voiles carrées que la brise gonflait de distance en distance sur la largeur du train de bois ; ces hommes « des beaux pays lointains », ces hommes inconnus aux longs cheveux et aux chemises rouges, penchés en groupes sur d'immenses rames, et jetant de longs appels prolongés en cadence pour assurer l'ensemble des manœuvres ; ces tentes de toile blanche en forme de cônes, ou ces cabanes en planches neuves ayant de loin les allures d'un village en miniature ; ces cordes flottantes où séchaient des files de vêtements multicolores se balançant au soleil comme des pavillons de bâtiment pavoisé ; tout cela avait pour moi un charme mystérieux et exotique qui me jetait dans d'interminables rêveries.

Le soir, surtout, quand le foyer rougeâtre du grand radeau, reflété par la surface endormie du fleuve, allumait des aigrettes fauves aux rameaux des vieux pins penchés sur les sombres profondeurs de l'anse, je restais des heures appuyé sur l'allège de ma fenêtre, la tête perdue dans je ne sais quels rêves bizarres comme les souvenirs vagues d'une existence antérieure remplie d'épisodes plus ou moins dramatiques.

Quelquefois, à la veillée, les hommes de la cage, assis en rond autour de l'âtre, répondaient en chœur à quelque chanson de « voyageurs » entonnée par la voix sonore du chanteur de la gang.

Une, surtout, avait un caractère musical tout particulièrement pénétrant :

Voici le temps de la saison
Où l'amant va voir sa maîtresse,
Lon la !
Où l'amant va voir sa maîtresse !
Et moi qui suis dans les prisons,
Je meurs d'amour et de tristesse,
Lon la !
Je meurs d'amour et de tristesse !

Ou bien encore cette autre :

C'était une galère,
Ma jolie fleur de rose !
Sur la mer égarée,
Jolie fleur de rosier !

Mais me voici loin de Baptiste Lachapelle.

J'y reviens.

Un soir, une grande et belle cage avait fait son entrée dans l'anse, et jugez de mon émoi, lorsque j'entendis un de nos voisins dire :

– C'est Baptiste Lachapelle, sûr et certain ! Je l'ai entendu chanter au large, et j'ai bien reconnu sa voix, allez !...

On conçoit la folle envie qui me passa par la tête.

Mais comment faire ?

Ma mère ne me laissait guère fréquenter ces « voyageurs », dont le langage et les mœurs ne constituaient pas un exemple des plus édifiants à mettre sous les yeux de ma pieuse enfance.

Toute visite sur les cages m'était en particulier défendue, à cause aussi des nombreux petits êtres parasites qui avaient la réputation de vivre en intelligence intime avec la gent « voyageuse », sans dédaigner l'occasion de faire connaissance avec la peau ordinairement plus fraîche des visiteurs.

Néanmoins, ce soir-là, je suppliai tant, que, muni d'un million de recommandations prudentes, je partis pour la cage, à la garde et sous la protection d'un voisin, qui avait affaire au « bourgeois », je ne sais plus pour quel marché relatif à des provisions de bouche.

Le brave homme voulait me donner la main pour m'aider à sauter d'un *crib* à l'autre, et à franchir l'espace vide entre chaque *dame* de *bôme* ; inutile ! J'avais le pied aussi leste que lui, autant d'expérience pour le moins, et j'arrivai le premier sur la fameuse cage commandée par Baptiste Lachapelle.

Le souper venait de se terminer autour d'un foyer large de dix pieds au moins, au milieu duquel une vaste marmite pendait au crochet d'une chèvre rustique ; et les hommes – en chemises rouges comme toujours – allumaient leurs pipes avec des tisons, et commençaient la causerie du soir, leurs faces sombres et leur groupe pittoresque s'éclairant aux lueurs intermittentes du foyer avec des effets de clair-obscur à réjouir de Callot ou de Rembrandt.

Baptiste Lachapelle était debout, les bras croisés.

Je le reconnus tout de suite ; il n'y avait pas à s'y tromper.

C'était un bel homme de haute taille, à l'air singulièrement imposant et distingué.

Il était brun, avec des yeux très doux et très profonds sous leur arcade sourcilière, dont la ligne horizontale indiquait une grande force de volonté et de pénétration.

La tête nue laissait voir, dans l'envolée des cheveux flottants, un galbe fier parfaitement en harmonie avec le profil du visage, qui, aux lueurs du foyer, se dessinait comme une médaille de bronze avec une remarquable pureté de lignes.

D'un air distrait, il regardait les bûches calcinées jeter leur dernier éclat sur les profondeurs noires du dehors.

Cette attitude méditative ne me surprit pas ; je trouvais l'homme tel que je me l'étais figuré.

La conversation entre lui et notre voisin ne fut pas longue.

Deux mots, et marché conclu.

– Gadoury ! appela Baptiste Lachapelle, sur un ton qu'aurait envié le Monte-Cristo d'Alexandre Dumas, apportez ici un verre de rhum. Vous ne refuserez pas la petite goutte de l'amitié, n'est-ce pas ? ajouta-t-il en se retournant vers son interlocuteur.

Celui-ci – j'aime à lui rendre ce témoignage – ne se fit pas prier.

Ils trinquèrent.

– C'est votre fils ? demanda Baptiste Lachapelle en m'indiquant du doigt.

Je rougis jusqu'aux oreilles, naturellement.

– Non, monsieur, répondit notre voisin, c'est un bonhomme que sa mère m'a confié ; il pleurait à chaudes larmes pour vous voir.

– Vraiment, mon brave ! fit le héros, en me posant la main sur la tête. Pourquoi désirais-tu me voir ?

– Pour vous entendre chanter votre chanson, répondis-je en balbutiant.

– Ma chanson ? eh bien, ma foi, je vais te la chanter en effet, mon ami. Tu me fais plaisir, assieds-toi là !

Et, pendant que les « hommes de cage », à la nouvelle que le « bourgeois » allait chanter, se rangeaient respectueusement autour de lui, Baptiste Lachapelle – avec un regard à mon adresse que je vois encore – entonnait gravement, et sur un ton pour moi inoubliable, le couplet dont j'ai cité plus haut la première moitié :

C'est Baptiste Lachapelle
Des beaux pays lointains ;
Il aimait la plus belle :
Hélas ! cruels destins !
Écoutez son histoire,
Et rappelez-vous toujours
Qu'il ne faut jamais croire
Aux serments des amours !

Cette voix d'un timbre riche et puissant, pleine d'ampleur et de portée sonore, où, par intervalles, un léger tremblement ajoutait je ne sais quelle singulière expression à la phrase musicale, m'impressionna plus que je ne saurais dire.

Les longues finales traînantes, auxquelles, de temps à autre, une note d'agrément à peine perceptible prêtait un charme d'attendrissement indéfinissable, allaient s'éteindre sous les grandes falaises sombres, éveillant au loin de petits échos perdus, doux et affaiblis comme les souvenirs mélancoliques que l'aile du temps efface ou emporte avec elle.

J'étais bien jeune alors ; je n'avais pas entendu de grands chanteurs ; je ne savais même pas ce que c'est que la poésie et la musique.

Eh bien, j'ai beau me faire ces réflexions, je ne puis parvenir à me persuader à moi-même que je n'ai pas entendu, ce soir-là, un grand poète et un grand artiste.

L'enthousiasme me tenait réellement aux cheveux, lorsque le chanteur reprit :

Adieu, mère ! adieu, père !
Adieu, tous mes amis !
Je suis au désespoire

De quitter mon pays.

Destinée importune,

C'est ainsi qu'il nous faut

Aller chercher fortune

Dans les pays d'en haut !

Il va sans dire que je n'ai pu retenir toute la chanson, qui était longue.

Le sens, ou plutôt les phases du récit seules – car c'était un récit – me sont restées à la mémoire.

Les adieux de Baptiste Lachapelle à sa bien-aimée avaient été touchants.

Elle lui avait juré éternelle fidélité :

Adieu, mon ami tendre !

Adieu, mon tendre amour !

Je jure de t'attendre

D'ici à ton retour !

Mais la douce promesse n'avait pas résisté à l'absence.

Pendant que le jeune amoureux parcourait les régions reculées du Nord-Ouest à la recherche de cette fortune qu'il rêvait pour la bien-aimée de son cœur, celle-ci, en femme pratique, avait pris le parti le plus sûr, celui d'épouser un riche marchand de son village.

À cette époque, on ne savait pas lire, encore moins écrire.

Du reste, la poste, dans les prairies sauvages surtout, laissait à désirer.

En sorte que, le jour où, trois ans après son départ, Baptiste Lachapelle reparaissait dans son village pour déposer aux pieds de sa fiancée le fruit de ses courses et de son labeur, il tombait juste au milieu de la noce !

Le cœur brisé, il repartit le soir même.

Ce dernier couplet dit ses adieux à l'infidèle :

> *Adieu, cruelle amie*
> *Qui brisas mon destin !*
> *Je vais passer ma vie*
> *Dans les pays lointains,*
> *Et Baptiste Lachapelle,*
> *Grâce à toi, pour toujours,*
> *Vivra dans la tristesse,*
> *Sans joie et sans amours !*

Songeons que cet homme ne savait pas lire !

Où avait-il pris cette flamme poétique, cette profondeur de sentiment, cette intuition de l'idéal, cet instinct du beau artistique qui suintent dans ces couplets informes, et plus encore dans l'air que son étonnant talent musical leur avait adapté ?

Qui le dira ?

Quoi qu'il en soit, le souvenir de cet homme étrange m'a trotté dans la tête toute ma vie.

P.S. – Depuis que ceci est écrit, j'ai appris des détails plus positifs sur le compte de ce Baptiste Lachapelle. Il est né à Saint-Jacques de l'Achigan, paraît-il, et son véritable nom était Baptiste Bourgeois. La mère ayant épousé en secondes noces un nommé Lachapelle, l'enfant du premier lit fut surnommé Baptiste *à* Lachapelle.

Après ses voyages dans le Nord-Ouest, il alla s'établir dans la Nouvelle-Écosse, le pays originaire de son père, qui était Acadien. Il en revint aveugle, et fut recueilli par une de ses sœurs qui vit encore, et chez qui il est mort, il y a quinze à vingt ans. – L. F.

Frasque d'étudiants

– Bonjour, docteur !

– Tiens, c'est vous ! Que cherchez-vous donc à ce bout-ci de la rue Sainte-Catherine ?

– Je flâne, tout simplement.

– Vous avez bien de la chance, moi je travaille.

– Je vous conseille de vous plaindre ! Le travail, c'est non seulement la joie de l'existence, c'est la fortune.

– Oh ! la fortune !... Encore faut-il que votre travail vous rapporte quelque chose. Et ce n'est pas ce qui m'arrive ce matin. Tel que vous me voyez, je viens de pratiquer une opération assez scabreuse, et qui ne me vaudra pas l'ombre d'une pièce fausse.

– Eh ! mais, c'est déjà assez consolant de pouvoir se montrer charitable.

– Ah ! ce n'est pas que mon client soit pauvre.

– Alors il y met de la mauvaise volonté ?

– Pas du tout, c'est moi qui ne veux pas de son argent.

– Par exemple ! vous êtes un médecin comme il y en a peu, vous ! Pour la rareté du fait, contez-moi la chose.

– Volontiers. Voici ma voiture ; j'ai une simple visite à faire à Outremont ; puisque vous tuez le temps, montez avec moi, je vous conterai mon histoire en route.

Il faisait une matinée idéalement lumineuse ; j'étais allé respirer l'air frais, après une nuit quelque peu énervante ; l'offre de mon ami devenait une aubaine.

Je sautai en voiture, et nous partîmes au petit trot, du côté du Mont-Royal, dont la cime verdissait au loin dans la large flambée des rayons printaniers.

184

– Voyez cette parcelle de verre, me dit mon compagnon de route en tirant de sa trousse de chirurgien quelque chose qu'il fit reluire au soleil.

– Un fragment de vitre ?

– Vous y êtes ; mais un fragment de vitre qui est resté tout près de quarante ans dans la cuisse d'une femme.

– Certes, elle devait être mûre.

– La vitre, ou la cuisse ?

– La femme !... pour peu qu'elle eût seulement une quarantaine d'années lorsque l'accident est arrivé...

– Allons, soyez plus sérieux ou je ne vous conte rien.

– Pardon ! allez-y, je n'ouvre plus la bouche que pour manifester l'intérêt que j'apporte à votre récit. C'était pendant l'horreur...

– D'une profonde nuit. En effet, cela pourrait débuter d'une façon aussi classique, mais permettez que j'entre dans quelques détails préliminaires.

En 1856, j'étais étudiant en médecine ; et, avec deux amis – qui sont devenus depuis de graves personnages et des praticiens hors ligne – je logeais dans une petite pension bourgeoise du boulevard Sanguinet, à deux pas de la rue Craig.

Nos fenêtres avaient vue sur un coin de l'esplanade du Champ-de-Mars, où, lourdement accroupi et le cou allongé sur un affût rustique, un gros canon, relique de la guerre d'Orient, semblait humilié du rôle pacifique et nul auquel il était voué désormais.

Je regardais souvent le vieux captif avec je ne sais quelle espèce de pitié mélancolique, en songeant à la destinée des choses, aussi diverse, aussi instable, aussi étrange parfois, et à coup sûr aussi aveuglément passive que les carrières humaines.

Avoir été fondu pour protéger un empire, pour défendre une ville, pour tonner sur des remparts... et croupir, impuissant prisonnier de guerre, sur une place publique, livré à la curiosité des passants, comme un lion écorché flairé par des roquets, cela me semblait une ironie du sort si choquante, qu'elle me révoltait presque.

Et, inconsciemment, je me prenais à rêver je ne sais quel retour des événements qui réveillât le dogue de fer, et rallumât un éclair au ventre du vieux tonnerre désarmé.

Mes deux compagnons d'études étaient nés à la campagne, moi de même ; le canon de Crimée – qui nous aurait sans doute laissés absolument indifférents, si nous avions été élevés dans une ville – intéressait fort notre curiosité.

Avec cela qu'à nos imaginations chevaleresques et patriotiques il parlait de vaillantes luttes, de gloires lointaines, et surtout d'une nouvelle et toute récente épopée française.

Bref, il revenait assez souvent dans nos conversations.

Un soir, un de mes deux camarades entra chez moi, l'air contrarié :

– Une belle affaire ! me dit-il en s'allongeant sur un canapé. Mon père, qui est en frais de faire creuser un puits dans son jardin, m'écrit de lui expédier quatre litres de poudre. Je m'exécute, je me fends, je me mets à sec pour acheter l'article ; et, au moment de l'expédier, je reçois une autre lettre qui contremande la commission.

– Bah !

– Et ce qui m'embête le plus, c'est que je ne sais que faire de ces quatre livres de poudre maintenant.

– Ça n'est pas perdu de la poudre ! ça toujours sa valeur.

– Au diable la valeur ! je ne peux pas garder ça dans ma chambre, moi !

– Expédie-la tout de même à ton père.

– Bon, une nouvelle dépense inutile, tu crois que je n'en ai pas assez fait !

– Dame, que veux-tu que je te dise, moi ? Je ne puis pas l'acheter, ta poudre... Je n'en ai pas besoin.

– Mais ça s'utilise de la poudre, intervint mon autre

camarade, qui venait d'entrer.

– À quoi puis-je utiliser de la poudre, moi ? fit mon premier interlocuteur.

– On peut aller à la chasse...

– Oui, avec des seringues, sans doute !

– Le fait est qu'il faudrait acheter des fusils, pour commencer.

– Pourquoi pas un canon ? fis-je en manière de plaisanterie.

– Oui, un des canons du Champ-de-Mars !

– Tiens, c'est une idée cela ; si nous essayions notre canon de Sébastopol !...

– Tirons le canon de Sébastopol ?

– Tirons le canon de Sébastopol !...

– Quatre livres de poudre à mine, c'est une bonne charge.

– Ah ! pour une charge, ce sera une excellente charge !

– Et puis, il faut bien s'en débarrasser, de cette sacrée poudre !

– Quant à moi, je ne veux pas m'en charger.

– Ni moi !

– Ni moi !

– Il vaut mieux en charger le canon.

– Va pour le canon !

– Notre canon !

– Le trophée de Malakoff !

– Et mèche allumée... boum !...

– Épatés les bonnets de coton !

– Ébaubis les philistins !...

Et, comme trois beaux fous que nous étions, nous

187

entonnâmes à tue-tête le fameux refrain :

> *Dansons la carmagnole,*
> *Vive le son !*
> *Vive le son !*
> *Dansons la carmagnole,*
> *Vive le son*
> *Du canon !*

Ce soir-là, le temps était un peu frisquet ; à minuit, il n'y avait pas un chat dans la rue ; et nous jugeâmes le moment propice pour mettre notre projet à exécution, en d'autres termes pour perpétuer notre néfaste équipée.

Toutes nos précautions étaient bien prises.

La poudre étant contenue dans une forte enveloppe d'à peu près le diamètre de l'âme du canon, la gargousse se trouvait toute prête ; il ne restait qu'à la saigner au moment de l'introduire en chambre.

Une masse de vieux journaux s'offrait d'elle-même pour servir d'étoupin.

Un énorme rondin de la grosseur du bras, choisi dans un chantier voisin, pouvait remplacer tant bien que mal le foulair d'ordonnance.

Une lisière de coton, bien suivie et soigneusement roulée dans de la poudre humide, pouvait étoupiller l'amorce en laissant aux artilleurs improvisés tout le temps nécessaire pour se retirer en bon ordre, au besoin jusqu'au fond de leurs ruelles respectives, avant que l'explosion insolite éveillât le quartier et attirât la police.

De sorte que, après avoir, comme on le pense bien, pris le soin de vider quelques petits canons, avant d'aller charger le gros, nous fîmes notre apparition sur le Champ-de-Mars, armés de toutes pièces, et bien déterminés à réparer l'injustice du sort qui condamnait au silence forcé le brave enfant de la Chersonèse Taurique, qui n'avait fait que son devoir après tout, et qui ne demandait encore qu'à donner des preuves d'une sonorité pour laquelle il avait évidemment été créé et mis au monde.

Je ne sais si le bon vieux canon – un Russe, n'est-ce pas, il est bien permis aujourd'hui de lui donner des petits noms d'amitié – je ne sais pas, dis-je, si le bon vieux canon voulut se piquer d'honneur à l'étranger, ou bien se venger une fois pour toutes de la honteuse oisiveté à laquelle on le condamnait, ou simplement se refaire un peu de temps perdu, mais elle se montra de premier ordre, sa sonorité.

Jour du ciel, quelle basse taille !

Nous n'en connûmes, cependant, les effets que plus tard, car, après avoir, comme je vous l'ai donné à entendre, tout arrangé de façon à pouvoir nous glisser au gîte en tapinois avant toute espèce d'alerte, je vous prie de croire que nous ne fîmes pas la bêtise de compromettre par notre curiosité un alibi précieux même pour quelqu'un d'une réputation plus paisible que la nôtre.

Dans cette nuit d'automne, calme et tranquille, dans ce quadrilatère bordé par-ci par-là de longues et hautes façades aux échos tonitruants, le bruit de l'explosion fut formidable.

Une plaisanterie néanmoins, comparée au dégât des pots cassés.

Toutes les fenêtres de la rue Craig, qui faisaient face à cette partie du Champ-de-Mars, sautèrent en éclats.

On s'imagine l'émoi, la surprise, la consternation, la panique des bons bourgeois réveillés en sursaut, qui se crurent à la fin du monde.

Le difficile, c'est de se faire une idée des recherches, des investigations et des enquêtes auxquelles l'événement donna lieu.

Tout de suite, les soupçons se portèrent sur mes camarades et moi.

Mais comment s'y arrêter sérieusement, quand une entière maisonnée de braves gens étaient là, qui nous avaient vus sortir de nos chambres et accourir en chemise de nuit, au moment même du brusque réveil ?

Tout le zèle des détectives, toutes les rouerires de la police n'aboutirent à rien, et l'affaire fut classée.

Il y avait bien longtemps que je n'avais songé à cet épisode de ma vie bruyante d'autrefois, quand l'incident qui va clore mon récit est venu me le rappeler en avivant chez moi l'aiguillon d'un vieux remords endormi.

Depuis plusieurs jours déjà, je soignais une patiente qui se plaignait d'un mal à la cuisse, espèce d'inflammation interne qui datait de plusieurs années, et qui allait s'aggravant sans que personne pût déterminer ni la cause ni la nature de la maladie.

Enfin, inutile de vous ennuyer avec des mots techniques, n'est-ce pas, l'enflure augmentant, la chair se tuméfiant de façon à faire craindre des complications dangereuses, je résolus de procéder à l'opération.

Devinez ce que, tout stupéfait, je trouvai au fond de la plaie ouverte ?

Ni plus ni moins que le fragment de verre que je vous montrais il y a un instant.

Comment ce corps étranger avait-il pu se loger là ?

Combien de temps y avait-il séjourné ?

Autant de questions sans réponses.

Nul souvenir dans l'esprit de la femme, aucunes traces de cicatrice nulle part : rien qui pût nous éclairer.

– Attendez donc, fit tout à coup la mère de la malade, j'y suis peut-être. Ma fille est née dans notre ancienne maison de la rue Craig, l'année où nos fenêtres furent défoncées d'un coup de canon tiré en pleine nuit, sur le Champ-de-Mars, par des polissons de la rue Sanguinet. Je me souviens qu'après ce soir-là la petite se plaignit longtemps d'un bobo à la cuisse. Docteur, si vous avez trouvé ce morceau de vitre dans la jambe de la pauvre enfant, il vient sûrement de notre châssis, cette nuit-là brisé en miettes, et il était là depuis trente-neuf ans passés !...

Vous voyez bien, fit en manière de conclusion le brave docteur, que je ne puis réclamer aucun honoraire pour avoir opéré cette cliente, et qu'il va de plus me falloir la soigner gratuitement jusqu'à son rétablissement le plus complet.

Question de savoir si je ne lui dois pas un dédommagement plus réel !

– Mais alors que répondrez-vous, lorsque le mari demandera votre note ?

– Heuh ! que j'ai pratiqué en amateur, pour le plaisir... pour le dévouement... amour de l'art, que sais-je ?

– Eh bien, prenez mon conseil, cher ami ; dites-lui tout simplement la vérité, car s'il a déjà eu affaire aux médecins, il ne vous croira pas.

Anecdotes politiques et électorales

Les anecdotes politiques sont à l'ordre du jour.

Quand j'abordai la carrière, ce n'était pas comme dans la *Marseillaise*, mes aînés y étaient encore. Et parmi mes aînés, il y avait mon vieil ami Télesphore Fournier, mort juge de la Cour suprême, qui à lui seul avait déjà six élections malheureuses à son crédit.

Or je suivis si bien ses traces dans la « carrière », que, peu d'années plus tard, des malins me demandaient quelquefois : « Est-ce vous ou M. Fournier qui avez perdu le plus grand nombre d'élections dans le district de Québec ? »

Je n'ai jamais pu répondre à cette question d'une façon bien positive, attendu que nos comptes, à Fournier et à moi, étaient un peu embrouillés sur ce chapitre. Mais une chose bien certaine, c'est que, pour le nombre d'élections, tant gagnées que perdues, nous avons tous deux été dépassés depuis, et largement, par l'ami Charles Langeleir.

C'est si vrai que, tout récemment, il s'est perdu devant moi en voulant faire le bilan de ses victoires et de ses défaites.

Marchildon

Tout cela, c'est pour dire que j'ai de l'expérience en pareille matière.

Le fait est que cette expérience date de mes années de collège. Oui, je n'étais encore que jeune collégien lorsque j'entendis pérorer publiquement un homme politique qui a laissé dans le pays un souvenir légendaire. Je veux parler du fameux Marchildon, un bon patriote, un homme bien intentionné, doué d'une verve peu commune, mais chez qui l'instruction et l'esprit de progrès laissaient déplorablement à désirer.

On l'avait invité, dans une certaine paroisse, à donner son opinion sur les questions publiques du jour. Tout son discours serait à reproduire, mais je n'ai retenu que la péroraison :

Pour terminer en finissant, s'écriait-il, je ne vous dirai qu'un mot en deux paroles, qui sont tirées d'une petite fable de M. La Fontaine. Écoutez bien ! Un chien-t-et un coq voyageaient-z-ensemble. La nuit-z-arrivée, le coq se jousque d'enne branche, et Pataud se gratte un petit réservoir dans les racines de l'âbre. Passe un renard, aperçoit le coq.

– Bonsoir, l'ami !

– Bonsoir !

– Ça va bien ?

– Pas trop mal, et vous ?

– Ça doit être ennuyant tout fin seul sus c'te branche.

– Chacun son goût.

– Vous aimeriez pas à venir faire un petit tour au clair de la lune ?

– J'suis pas sorteux.

– Ça serait-y rien que pour fumer une pipe.

– Je fume pas.

– Vous fumez pas ? vous prisez peut-être.

– Je prise pas non plus, mais j'ai un associé, là, en bas, qui chique quèquefois, réveillez-le donc.

Comme de faite, le renard réveille le chien ; Pataud saute sus le renard et lui fait son biscuit en deux tours de gueule. Morale : Le coq ce sont les Canayens. Le renard ce sont les Anglais. Le chien ce sont moi ! Je sauterai sur les Anglais et je les mettrai-z-en pièces.

On rapporte bien des anecdotes sur le compte de ce brave Marchildon. Au parlement, c'était l'ennemi juré des chemins de fer. On a conservé la mémoire de plusieurs de ses sorties là-dessus.

– Pensez donc, s'écriait-il, à cette bête à feu qui passe d'une paroisse à l'autre, sans comparaison comme un steamboat écarté qui chercherait de l'eau, pendant que les vaches montent les clos et sautent les barrières, la queue raide comme des chandelles ! Croyez-vous que c'est pas assez pour faire térir ces pauvres bêtes ? Et qu'est-ce qu'arrivera quand on n'aura plus de lait ? Pas de lait, pas d'enfants, n'est-ce pas ? Pas d'enfants, pas de familles ! Et pas de familles, pas de Canayens ! Rien que des Anglais et des Irlandais, voilà !

Un jour, l'impayable député s'était endormi sur son siège, lorsqu'une discussion animée l'éveille. Comme cette discussion se faisait en anglais, et que Marchildon ne comprenait pas un mot de cette langue, il demanda à son voisin ce dont il s'agissait.

– On veut faire passer un bill, dit celui-ci, un loustic, pour qu'il n'y ait plus qu'un seul coq d'Inde par paroisse : le coq d'Inde du bedeau.

À ces mots, Marchildon bondit sur ses pieds :

– Monsieur l'Orateur, s'écrie-t-il, c'est encore une affaire pour aumolister les Canayens, cela. Je prétends que non seulement chaque habitant aie le droit d'avoir son coq d'Inde à lui, mais encore que chaque paroisse ait le droit d'avoir autant de coqs d'Inde qu'elle pourra en contenir, si ça fait son affaire.

Le seigneur Pacaud

J'ai dit que mon expérience politique remontait à mes années de collège. Laissez-moi vous raconter une autre anecdote de ce temps-là. C'était à Nicolet, en 1859. Je ne sais plus par quel subterfuge j'avais trouvé le moyen d'assiter à une assemblée électorale où il s'agissait de choisir un conseiller législatif pour la division Lavallière.

Les candidats foisonnaient : il y en avait neuf sur les rangs, au nombre desquels se trouvait le haut et puissant seigneur Hippolyte Pacaud. Vous allez voir que si celui-là péchait par quelque côté, ce n'était pas par manque de franchise. Son discours pouvait se résumer à ceci :

– Mes adversaires vous ont dit que vous êtes des hommes intelligents, instruits, honnêtes : c'est des blagueurs ! Honnêtes ? il n'y en a pas un seul parmi vous qui me paierait ses redevances, s'il était sûr de ne jamais être poursuivi... Instruits ? il n'y a pas le quart de ceux qui m'écoutent qui sachent lire, et le reste ne pourrait pas réciter la table de multiplication. Intelligents ? Vous êtes tous un tas de cornichons ! Si ce n'est pas vrai, vous le montrerez en votant pour un homme assez franc pour vous dire la vérité.

Les deux candidats déclarés élus

Mais avant mes expériences personnelles, il y avait la tradition qui en racontait de corsées. Elle racontait en particulier, que, dans je ne sais plus trop quel comté du district de Trois-Rivières, deux candidats ayant obtenu aux polls le même nombre de voix, avaient insisté pour être déclarés élus tous les deux.

Et l'officier rapporteur, un notaire, les avait bien et dûment proclamés élus, à toutes fins que de droit, conjointement et solidairement représentants du comté au parlement de Sa Majesté !

Mon fils bien-aimé

La tradition avait aussi consacré le souvenir de ce candidat madré qui, voyant l'officier rapporteur afficher un soir la proclamation électorale qui commençait par ces mots : *Victoria, par la grâce de Dieu, etc., à tous ceux qui les présentes verront... Salut !* s'était avisé de faire écrire son nom par le maître d'école, avec les mots : *et à mon fils bien-aimé*, dans l'espace en blanc qui se trouvait entre le mot *salut*, et le reste de la formule.

L'effet fut magique. Comment ne pas voter pour un homme si hautement recommandé, à qui la reine elle-même envoyait des saluts en l'appelant son « fils bien-aimé ? » L'adversaire fut roulé.

Le député Beaudoin

Mais quelque chose de plus piquant encore, que rapporte la tradition, ce sont les discours d'un nommé Beaudoin, de St-Henri de Lauzon, qui fut député de sa division, à l'époque où les trois comtés de Lévis, de Beauce et de Dorchester ne constituaient qu'un seul et même collège.

Celui-là faisait ses discours en vers, et en vers monorimes.

Je puis en citer un, grâce à la mémoire des vieux de l'endroit, avec qui les circonstances m'ont mis en rapport dans mon jeune temps ; le voici :

– Messieurs les inlecteurs du comté de Dorchester, je vous remercie de tout mon cœur de l'honneur et de la faveur supérieure que vous m'avez fait jusqu'à c'te heure. Suivez votre serviteur chez la mère Verboncœur pour prendre un petit verre de liqueur, à la santé du gouverneur. Demain le poll est à neuf heures.

– Ça se bat pas ! disaient les gens.

Aussi, il paraît que jamais personne n'osa se présenter contre lui.

Je ne sais trop ce qu'il y a de vrai au fond de la chose, mais c'est à ce brave homme de père Beaudoin qu'on attribue quelquefois cette naïveté digne d'entrer dans le répertoire de Calino. Dans une réunion chez le gouverneur, où il avait été invité à titre de député, on lui présente une glace à la crème.

– Cristi ! dit-il, ça gèle les dents cette histoire-là ! Je parie que si ç'avait été pour un Anglais, va ! ils l'auraient bien fait chauffer.

Un candidat silencieux

Le fait est qu'il y en a eu de toutes sortes, des candidats à Lévis, une vraie collection de toutes les nuances et de tous les acabits. On y a même vu un candidat... silencieux. Il se faisait un devoir et un principe de ne pas dire un mot en public. Nous ne faisions que le montrer. Et comme il n'avait pas trop mauvaise mine, ça prenait encore assez.

Naturellement, il fallait quelquefois discuter avec l'adversaire ; c'était moi qu'on avait chargé de la besogne. Il fallait entendre mes arguments en faveur du candidat du silence :

Franchement, il y avait trop de bavards dans la Chambre ; c'était justement pour cela qu'on ne pouvait pas s'entendre. Si l'on pensait plus et si l'on parlait moins, ça irait beaucoup mieux, et ça coûterait moins cher. Ce qu'il faut, ce ne sont pas des paroles, mais des actes. Trouvez-moi un homme capable de parler durant une heure, sans dire quelque menterie ! Et caetera. Si notre candidat voulait être député, c'était pour donner le bon exemple. S'il était élu, il s'engageait d'avance... à ne pas desserrer les dents sur n'importe quelle question. Il ne signerait jamais M. P. P. (membre pour parler), c'était ridicule ; il signerait M. P. S. T. (membre pour se taire).

Nous fîmes une lutte superbe, et qui se termina par une victoire... morale !

Le candidat éclectique

On eut aussi, vers cette époque, dans le district de Québec, un candidat éclectique. Pour capter tous les suffrages, il se proclamait bleu-rouge-indépendant ; et pour se recruter des partisans dans tous les rangs de la société, il avait lancé une circulaire dans laquelle il s'offrait comme candidat des cultivateurs, des ouvriers, des marchands, des manufacturiers, des riches et des pauvres, des Canadiens et des Anglais, du clergé catholique et du clergé protestant.

Or comme on le blaguait là-dessus dans une assemblée publique, une réflexion partie de la foule fit éclater un rire homérique :

– Il est comme le baume du bon saint Martin, il guérit tous les maux.

Lui aussi remporta une victoire morale ; ce qui fit dire à un plaisant de l'endroit :

– C'est la première fois qu'on voit perdre une élection avec tant de monde.

Bénoni Samson, surnommé Bélone

J'en ai connu un autre moins prétentieux, mais encore plus original. Lui se donnait comme candidat – oh ! devinez ! – comme candidat de la misère !

Il s'appelait Bénoni Samson, et tout le monde le connaissait sous le nom de *Bélone*.

Des loustics, pour faire pièce au candidat du gouvernement, lui avait mis en tête qu'il triompherait – c'était une année de disette – s'il avait l'appui des pauvres gens.

Un beau dimanche, il avait appelé à son aide M. Fradette, député de Bellechasse, qui se targuait d'être le représentant des classes inférieures.

– Messieurs les électeurs, dit Bélone, j'ai l'honneur de vous présenter M. Fradette, l'emblème de la pauvreté !

Le jour de l'appel nominal, il s'écriait :

– Oui, messieurs, je suis pauvre ; je suis pauvre comme vous, j'ai toujours été pauvre, et je veux toujours rester pauvre avec vous autres !

– Dis donc, Bélone, crie une voix dans l'auditoire, reste pauvre tant que tu voudras, mais t'as pas besoin de nous autres pour ça. Reste pauvre tout seul.

– Je suis prêt ! répond Bélone.

– Eh bien, s'écrie un autre, si tu veux rester pauvre rien que pour le *fun*, viens pas quêter chez nous !

Pauvre Bélone ! battu lui aussi.

– N'importe, disait-il, j'ai toujours été candidat ; personne ne peut m'ôter ça !

Car il faut vous dire que si la plupart des candidats se présentent dans le but d'entrer au Parlement, il en est quelques-uns qui n'ont pas d'autre ambition que d'être candidats. Là se bornent leurs aspirations les plus ardentes.

Un candidat mal reçu

Un matin – nous étions à la veille d'une élection générale – je reçus la visite d'un notaire, vieux praticien établi dans un des comtés ruraux de notre district.

– Il faut que le parti me pousse, dit-il, cette année. Il y a assez longtemps que je patiente, mon tour doit être arrivé !

– Avez-vous posé votre candidature ? lui demandai-je.

– Pas encore, j'attends que le parti me choisisse.

– Quels sont les autres candidats en perspective ?

– Il n'y en a pas.

– Eh bien, c'est tout simple alors, annoncez-vous ; venez de l'avant ; nous irons vous aider.

– Je peux pas venir de l'avant.

– Pourquoi donc ?

– Eh !... chaque fois que je me montre, ils me font des avanies. L'autre jour, j'ai essayé de parler à Saint-Ephrem : j'avais pas fini de dire : « Messieurs les électeurs », qu'ils m'avaient déjà descendu du perron de l'église !...

Xavier Bélanger

Qui n'a pas connu Xavier Bélanger, du comté de Bellechasse ? Un orateur celui-là. Je n'ai jamais connu un enfileur de grands mots et de phrases baroques plus intarissable. En voici un échantillon :

– Messieurs les électeurs, s'écriait-il avec un geste sculptural et un coup de tête que n'aurait pas renié Danton, après les nobles et illuminés orateurs que vous venez d'entendre, il est bien saignant pour un pauvre cultivateur comme moi d'oser prendre la parole. Mais, sans vouloir comparer leur château de lumières et le palais de leur expérience au cabinet privé de mes réflexions personnelles, je ne puis m'empêcher de vous répéter ici à huis clos ce que je voudrais répéter en public, c'est que les sphères de notre beau comté sont beaucoup trop étroites pour la salubrité de nos finances. Et à qui devons-nous ce triste état de choses ? Je le dis avec un poignard dans le cœur, nous le devons aux traîtres qui nous ont vilipendés, qui nous ont anéantisés, qui nous ont stéréotypés – oui, messieurs, l'expression n'est pas trop forte – je le répète, qui nous ont stéréotypés, jusqu'à ce que nous ayons été nous échouer avec le vaisseau de la confédération sur le roc et les tufs de la frénésie sociale. Mais consolons-nous, mes amis, je vois une ère nouvelle s'élever devant nos egards comme un arc-en-ciel qui porte dans sa main la palme sacrée de la concorde, de la fraternité, des réformes et du progrès.

Et tout cela était débité avec un aplomb et un brio que lui aurait enviés le plus éloquent de nos hommes publics.

On conçoit qu'avec un pareil talent oratoire, notre individu ne pouvait manquer de se sentir piqué par la tarentule de l'ambition.

Chaque fois qu'il se présentait une élection dans son comté, il faisait comme l'élection, il se présentait lui aussi. Mais pour une raison ou pour une autre, sa candidature avortait invariablement avant d'être rendue à terme. C'était un excellent homme de parti, du reste, et il se retirait généreusement de l'arène dans l'intérêt de la cause.

La dernière fois, cependant, il se fit tirer l'oreille. Il ne se sacrifierait pas toute sa vie ; les autres devaient s'effacer à leur tour. Ses partisans finiraient par croire qu'il se vendait, etc.

Du reste, un comté rural peuplé exclusivement de cultivateurs devait être représenté au parlement par un cultivateur.

– Mais, objectait Charles Langelier, qui lui disputait la candidature, on ne va pas là pour labourer.

– N'importe, pour bien représenter des cultivateurs, il faut connaître le métier.

– Avec ça que je ne connais pas le métier, moi le fils d'un cultivateur, élevé sur une ferme !

– Ça ne fait rien, répliquait notre homme, faut la pratique.

– Pas nécessaire ! affirmait son interlocuteur ; et vous qui êtes un cultivateur d'expérience, vous seriez bien surpris si je vous en remontrais sur certaines affaires de votre profession.

– Sur des affaires d'habitants ?

– Oui.

– Vous pourriez m'en remontrer sur des affaires d'habitants, vous !

– Certainement.

– Ah ! je vous en défie bien, par exemple !

– Voulez-vous gager ?

– Tout ce que vous voudrez.

– Tenez, faisons mieux : je vais vous poser une question qui a directement rapport au métier de cultivateur ; si vous ne pouvez pas y répondre, et que je le fasse, moi, à votre propre satisfaction, résignerez-vous ?

– Plus que ça, je travaillerai en votre faveur.

– Votre parole d'honneur devant tout ce monde-là ?

– Ma parole d'honneur devant M. le curé, si vous voulez.

– Eh bien, alors, dites-moi pourquoi les moutons noirs coûtent moins cher à élever que les moutons blancs.

– Où avez-vous pris ça, que les moutons noirs coûtaient moins cher à élever que les moutons blancs ?

– Il ne s'agit pas de savoir où j'ai pris ça, il s'agit de savoir ce que vous en dites.

– C'est de la blague : j'en ai élevé des deux couleurs, et les moutons noirs mangent autant que les moutons blancs.

– Pas du tout !

– Je vous dis que oui, moi.

– Tenez, avouez donc tout de suite que vous ne le savez pas, hein !

– Y a du sorcier là-dedans ; êtes-vous capable de me prouver cela, vous ?

– Ça fera pas un pli.

– Que les moutons noirs mangent moins que les blancs ?

– Oui.

– Voyons voir !

– Eh bien, dites-moi, y a-t-il autant de moutons noirs, qu'il y en a de blancs ?

– Y'en a bien moins.

– Eh bien, alors, ils mangent moins !...

On voit d'ici la tête de mon candidat rural. Il reste abasourdi, puis il tourne ses talons en bougonnant :

– Dites-moi à c'te heure si c'est pas le diable que ces avocats-là !...

Gabriel Brissette

203

Une autre candidature qui fit long feu, fut celle d'un nommé – disons Gabriel Brissette – en 1884, je crois, dans un comté du district de Montréal. Il avait fait répandre partout le bruit de sa candidature, et s'était même acheté un *castor* neuf pour la circonstance.

Mais ce n'était pas là le plus difficile pour lui. N'ayant pas l'esprit ingénieux de mon individu de Lévis, il ne lui était pas venu à l'idée de se présenter comme candidat du silence ; il se croyait dans l'obligation d'y aller de son petit boniment, et redoutait fort cette épreuve.

Quand il marmonnait des phrases en lui-même, ça marchait passablement ; mais devant la foule, c'est plus intimidant ; et puis il y a les interrupteurs.

Bref, il n'était pas très rassuré, et, la veille du jour où il devait s'annoncer, comme on dit, au lit avec sa femme, il lui faisait part de ses inquiétudes.

– Pourquoi ne t'exerces-tu pas ? lui dit sa femme.

– Je me suis exercé, mais ce n'est pas la même chose, va, devant tout le monde. Il y a toujours des polissons pour interrompre.

– Eh bien, écoute : fais-moi ton speech.

– Et tu m'interrompras ?

– Oui.

– Ça y est.

Et voilà mon Brissette debout au milieu de la chambre à coucher.

– Monsieur Brissette ! monsieur Brissette ! crie la femme.

Brissette tousse, crache et commence :

– Messieurs les électeurs !

– Couvrez-vous, couvrez-vous !

Couvrez-vous, c'était facile à dire, mais loin d'avoir un chapeau, Brissette n'avait seulement pas de caleçons.

Et il monta sur une chaise pour attraper le carton qui contenait son nouveau couvre-chef, et qui se trouvait dans le haut d'une armoire.

– Bon, dit sa femme, te v'là bien là, restes-y ; tu vas être comme sur un husting.

Pas besoin, n'est-ce pas, de faire la description de ce petit homme rougeaud, à bedaine rebondie, debout sur une chaise dans sa chambre à coucher, sans autre toilette que son castor neuf, et sa chemise de nuit.

– Messieurs les électeurs ! dit-il.

– T'as déjà dit ça.

– Je recommence.

– Recommence pas, tu feras rire de toi.

– Toi, tu comprends rien à la politique !

– Ah ! ben, si t'es pour me dire des bêtises, exerce-toi tout seul.

– Cré nom ! y a jamais moyen de s'entendre avec une femme.

– Mais tu m'as dit de t'interrompre.

– C'est pas comme ça qu'on interrompt ; dis-moi des choses... pas polies, des grossièretés.

– Ben, va chez le diable !

– Tu veux pas ?

– Je te dis d'aller chez le diable, c'est une grossièreté, ça.

– Ah ! tu dis ça pour m'interrompre ?

– Oui, c'est pas comme ça ?

– Si fait, mais attends que je sois parti.

– Où c'que tu vas ?

– Attends que je sois parti à parler.

– Eh ben, marche !

205

– Messieurs les électeurs, dans le temps d'actuellement, les affaires publiques sont joliment adultères...

À ces mots, une voix furieuse part du lit :

– T'as menti !

Brissette, une peu abasourdi, répète :

– Sont joliment adultères...

– T'as menti, Brissette !

À moitié déconcerté, Brissette recommence :

– Dans le temps d'actuellement...

– T'as menti, Brissette !

Brissette s'arrête, puis descend de sa chaise et serre son chapeau.

– Tu continues pas ? lui demande sa femme.

– Non ! s'il faut qu'ils me disent « t'as menti, Brissette » à tout bout de champ comme ça, j'aime mieux ne pas me présenter.

Et Brissette comprit que, pouvant faire rire de soi tant qu'on veut dans son village, il est bien inutile de se donner tant de mal pour aller faire rire de soi à la Chambre.

De Saint-George

Les interruptions, en effet, sont quelquefois déconcertantes ; mais aussi le résultat est sérieux quand l'interrupteur se fait river le clou d'importance. Rien de puissant devant la foule comme un mot d'esprit, ne serait-il qu'une plaisanterie.

De Saint-George, l'ancien député de Portneuf, avait souvent de ces réparties heureuses. Un bon dimanche, au Cap-Santé, il faisait face à un adversaire qui en donnait sur les quatre faces aux libéraux.

– Vous êtes des catholiques, s'écriait celui-ci ; eh bien, prenez garde ! les libéraux sont les ennemis de Dieu, de la religion et du clergé. Si jamais ils arrivent au pouvoir, on marchera dans le sang des prêtres jusqu'à la cheville du pied !

Or il y avait dans le village un petit cordonnier un peu ridicule qui s'appelait Charlie Morissette.

– C'est Charlie Morissette, interrompt de Saint-George, qui fait courir ces bruits-là pour vous vendre des grandes bottes !

Le candidat ingénieux

Mais outre le candidat homme d'esprit, il y a le candidat ingénieux, c'est-à-dire celui qui sait le mieux trouver le défaut de la cuirasse chez son adversaire, qui sait le mieux tirer parti d'un mot, insignifiant quelquefois, échappé à son contradicteur, qui sait le mieux faire une montagne avec une motte de terre, une forêt avec une touffe d'herbe, qui sait le mieux travestir les faits et la pensée d'un autre pour le montrer sous un jour odieux, qui sait le mieux, enfin, trouver des subterfuges pour s'extirper lui-même d'une fausse position. Ce n'est pas toujours ce qu'il y a de plus honnête, mais comme plaisanterie, quelquefois, c'est assez drôle.

En 1871, un jeune homme se présentait dans un comté du

district de Québec ; et comme c'était un libéral à tous crins, il accusait le chef des conservateurs sir George Cartier d'avoir toujours sacrifié les intérêts du Bas-Canada en faveur du Haut, comme on disait encore dans ce temps-là.

Or le pauvre jeune homme avait eu le malheur de faire des vers quelquefois et son adversaire en profitait pour le turlupiner d'importance.

– Frédéric le Grand, disait-il, déclarait souvent que, s'il avait une province à punir, il la ferait gouverner par des poètes.

– Il n'avait peut-être pas si grand tort, répondait l'autre, et nous en avons deux fameux exemples dans les chefs que la Providence a infligés à notre pays. À Québec, notre premier ministre est M. Chauveau, un poète ! À Ottawa, le chef conservateur est M. Cartier, un poète aussi... Vous connaissez sa chanson :

Ô Canada, mon pays, mes amours !

Vous voyez... Toujours le Haut-Canada, c'est plus fort que lui.

L'adversaire de M. Marchand

Pas mal ingénieux aussi, l'adversaire du regretté M. Marchand, à qui celui-ci reprochait un acte d'effronterie peu ordinaire. Marchand avait lancé un manifeste aux électeurs, où il avait mis toute son habileté de fin lettré. Or, figurez-vous que son adversaire, qui était peu instruit et tout à fait incapable d'écrire, se croyant obligé d'en faire autant, avait tout bonnement pris le manifeste de Marchand, l'avait copié en changeant quelques mots, et l'avait fait distribuer à son tour avec sa signature. C'était là ce que Marchand lui reprochait. Savez-vous comment il s'y prenait pour se disculper ?

– La belle affaire ! disait-il ; si en passant devant la demeure de M. Marchand, j'apercevais une charrette dans sa cour, j'aurais pas le droit d'en faire faire une pareille !... Je pensais que M. Marchand avait plus d'esprit que ça !

Le sénateur Guévremont

Un modèle en fait d'ingéniosité de husting, c'était le sénateur Guévremont. Il avait le don du paradoxe et du sophisme au suprême degré.

Un jour, il bataillait contre J. X. Perreault, qui fut député de Richelieu avant la confédération, et lui reprochait ses absences de la Chambre dans les termes les plus sévères.

– Où étiez-vous, s'écriait-il, quand on a voté sur telle et telle question ? Monsieur se promenait probablement dans les rues, la canne à la main.

– C'est mon affaire, ça, répondait Perreault ; j'avais *pairé*.

– Ah ! s'écriait Guévremont, il avait pairé !... Savez-vous ce que c'est que pairer ? je vais vous faire comprendre ça par une comparaison. Vous êtes habitant, vous, monsieur, bon ! Vous engagez un homme pour faire vos foins. Votre voisin, qui a aussi du foin à faire, suit votre exemple, loue un homme, et voilà nos deux engagés à faucher. Tout à coup, l'un des deux crie à l'autre :

– Écoute donc, Baptiste, tu trouves pas qu'il fait chaud ?

– Joliment.

– Je commence à être pas mal fatigué, moi.

– Moi étout.

– Si on parait...

– Pairons !

Et voilà nos deux paresseux toute l'après-midi sur la clôture, les bras croisés. C'est cela, messieurs les électeurs, ce que les membres du parlement appellent *pairer*. Et c'est comme ça que M. Perreault a fait vos foins. Ce n'est pas Perreault qu'il devrait s'appeler, c'est *paireux*.

L'hon. Joseph Turcotte

Dans un ordre plus relevé, un autre qui ne manquait pas de moyens ingénieux pour captiver son auditoire, c'était Joseph Turcotte, de Trois-Rivières, qui fut président de la Chambre en 1861. Orateur de haute distinction – on peut même dire un des plus puissants tribuns du pays – il était en même temps doué d'une voix de baryton superbe.

Quand il se présenta pour la première fois aux électeurs du comté de Saint-Maurice, il ne fut pas bien reçu partout. Dans une des paroisses du Nord, par exemple, on ne voulut pas l'entendre parler. On lui fit un véritable charivari.

– C'est inutile de vous entêter, Monsieur Turcotte, lui dit quelqu'un, ils ne vous laisseront pas parler.

– Mais je ne veux pas parler, dit Turcotte, je veux chanter.

– Ah ! Il ne veut pas parler, il veut chanter !...

– Il veut chanter ?

– Oui !

– Ah ben, c'est une autre paire de manches, ça ; qu'il chante, si c'est un beau chanteux, on l'écoutera.

Et voilà Turcotte qui entonne de sa plus belle voix :

Si vous voulez ben m'écouter,

J'ai t'une histoire à raconter.

Et ainsi de suite. Il leur dit comme ça tout ce qu'il avait à dire, en chantant.

– Cré mardi ! fit un habitant, il chante encore mieux que Xavier Baron.

– Ben sûr qu'il chante mieux que Xavier Baron ! dirent les autres.

Xavier Baron était le chantre en renom de la paroisse ; de plus il était d'une force herculéenne.

– Il peut bien chanter mieux que Xavier Baron, fit quelqu'un, mais je gagerais bien qu'il tirerait pas au poignet avec lui !

– Est-il ici ? demanda Turcotte.

– Non.

– Allez le chercher.

– Vous voulez tirer au poignet avec Xavier Baron ?

– Pourquoi pas ?

– Dites donc, vous autres, il veut tirer au poignet avec Xavier Baron ! c'est pas mal effronté.

– Allez le chercher ! répète Turcotte.

On amène Xavier Baron, on apporte une table, des chaises, et nos deux champions s'attablent face à face sur le perron de l'église. Turcotte était manchot, et comme tous les manchots il avait double force dans le bras qui lui restait.

– Ah ! ça, dit-il, un marché ! Nous allons tirer « en trois coups les deux meilleurs ». Si Xavier Baron me renverse, je pars d'ici dans dix minutes, et vous ne me reverrez jamais de votre vie ; mais si je le renverse, vous voterez tous pour moi ?

– C'est correct.

– C'est-y fait ?

– C'est faite !

Et, au grand ébahissement de la foule, Joseph Turcotte amena trois fois de suite le poing de son adversaire sur la table. On le porta en triomphe, et c'est au vote de cette paroisse qu'il dut son élection.

La voix unique de Chs Langelier

J'ai dit un mot de Charles Langelier en commençant, que ce soit lui qui m'aide à finir.

En 1887 – il était candidat cette année-là... comme les autres années – il fut élu par une majorité si compacte, que personne n'aurait pu la diviser. Il avait gagné l'élection par *une* voix.

Quand il fut bien certain de son coup, il télégraphia la bonne nouvelle à M. Blake, qui était alors le chef du parti libéral. Blake lui répondit : « *I heartily congratulate you on your unique majority.* »

Le soir de l'aventure, on voulut fêter le triomphateur.

– Merci, dit Charles modestement, je n'ose pas sortir ce soir.

– Pourquoi ?

– Le temps est humide, et comme je suis déjà un peu enroué, je craindrais de perdre ma *voix*.

Il y tenait à sa voix, naturellement ; mais comme ce n'était pas à vrai dire matière à gloriole, il n'arrêtait point les passants pour leur en parler. Il aurait certainement préféré avoir été élu par cinq ou six cents ; et quand il arrivait à quelqu'un peu au courant de lui demander si sa majorité avait été considérable, il trouvait le moyen de faire intervenir le nom de son frère François élu dans Québec-Centre, et sur un ton de désinvolture parfaite :

– Mon frère et moi, disait-il, nous avons eu *trois cent une* voix de majorité à nous deux.

Il se gardait bien d'ajouter que François en avait eu *trois cents* à lui seul.

Le plus ennuyeux de l'histoire, c'est que chacun de ses électeurs venait lui dire :

– C'est pourtant à moi seul que vous devez votre élection. Si j'avais pas voté pour vous, vous étiez flambé !

Ils arrivaient tous, comme cela, les uns après les autres ; et naturellement chacun comptait sur la reconnaissance toute particulière de l'élu.

Un matin, le brave Charles rencontre sur le perron du palais de justice, un homme qui l'arrête en lui disant :

– Savez-vous, monsieur Langelier, que c'est à moi que vous devez votre élection !

– À vous aussi ? dit Charles ; je sais que je la dois à bien du monde : on m'en parle assez, sans reproche ; mais je n'aurais jamais supposé que je pouvais la devoir à vous... Vous êtes un bleu, vous !

– Oui, monsieur, mais au moment où j'allais partir pour aller donner ma voix à M. Valin, il est survenu quelque chose qui m'a retenu à la maison... De sorte que...

– Ma foi, interrompit Charles Langelier, c'est un comble. S'il faut que je doive mon élection non seulement à chacun de ceux qui ont voté pour moi, mais encore à ceux qui n'ont pas voté du tout, il ne me manque plus que de la devoir à ceux qui ont voté contre moi.

– Pourquoi pas ? fit un autre individu en s'approchant. J'ai voté contre vous, moi ; et si vous avez gagné votre élection par une voix, c'est bien à moi que vous le devez.

– Pour l'amour de Dieu, dit Charles, je voudrais bien savoir ce qui serait arrivé, si vous n'aviez pas voté contre moi.

– C'est bien simple, vous l'auriez gagnée par deux ?...

La conversation s'est terminée à l'hôtel Saint-Louis.

Weep, poor Will !
Pleure, pauvre Guillaume !

Le soleil couchant venait de disparaître à l'horizon, et les dernières lueurs du crépuscule semaient de longues traînées d'ombre sous les arbres de l'*Union Park*, un des jolis recoins de Chicago, avant que le désastreux incendie de 1871 eût rasé les quarante mille maisons dont se composait alors la Reine de l'Ouest, qu'on appelait aussi *Garden City*.

La lune gravissait doucement le pan opposé du ciel, mêlant ses pâleurs d'opale aux rougeurs qui s'éteingnaient petit à petit dans la tranquille tombée de la nuit. Pas un souffle n'ébranlait les ramures, pas une haleine ne ridait la surface assombrie des étangs.

En face de l'un d'eux, sur un des bancs rangés le long d'une allée bordée d'acacias, deux jeunes gens – deux amoureux, à n'en pas douter – causaient.

La jeune fille, avec un timbre de voix qui prévenait tout de suite en sa faveur, disait à son compagnon :

– Pourquoi êtes-vous si triste, mon cher docteur ? Voyez comme la nature est belle et souriante. C'est mal de se laisser aller à des pensées sombres, quand Dieu nous met de tels spectacles sous les yeux.

– Pourquoi je suis triste ? répondait le jeune homme ; c'est vous qui le demandez, Ellen ! Vous savez pourtant bien ce qui fait le sujet de ma tristesse.

– Vous voulez parler de notre conversation de dimanche dernier sans doute. Je croyais que vous en aviez pris noblement votre parti.

– Cela prouve que vous ne me connaissez guère, chère amie.

– J'aurais pensé qu'un homme de votre valeur dût être plus philosophe et envisager la vie de plus haut, reprit la jeune fille. Pourquoi chercher le bonheur dans des chimères irréalisables, quand il peut être si doux de jouir du présent tel que la destinée nous le fait ?

– La destinée ? mais elle est entre nos mains !

– Vous vous trompez, elle est entre les mains de Dieu, qui veut que je sois votre amie, et rien que votre amie.

– Ah ! c'est que vous ne m'aimez pas, s'écria le jeune médecin sur un ton désespéré. Votre ancien amour vit toujours au fond de votre cœur... Mais cet amour, vous l'oublierez un jour, Ellen... le temps versera son baume sur votre deuil... et alors... Laissez-moi au moins l'espérance !

La jeune fille mit sa main dans celle du jeune homme, et le regarda longuement dans les yeux.

– Écoutez-moi, dit-elle. Vous avez aimé vous aussi ?

– Hélas !

– N'importe ; vous avez aimé sincèrement ?

– Je l'admets.

– Et vous avez oublié ?

– Oui, depuis le premier instant où j'ai plongé mon regard dans le vôtre. Serait-ce là ce qui vous préoccupe ?

– Oh ! mon Dieu, non ; j'ai foi absolue en votre loyauté ; croyez-vous à la mienne ?

– Aveuglément, mademoiselle.

– Eh bien, prenez-en ma parole, si la plaie de votre cœur s'est cicatrisée, la mienne n'est plus qu'une vague réminiscence du passé, depuis que...

– Achevez, Ellen !

– Je ne vous l'ai jamais caché, mon ami... depuis que votre main a touché la mienne.

– Mais alors vous m'aimez !

– Mon cœur vous appartient tout entier, vous le savez bien. Que voulez-vous de plus ?

– Vous m'aimez, dites-vous... Et cependant...

– Et cependant ce n'est pas près de moi que vous devez chercher le bonheur.

– Mais pourquoi donc, mon Dieu ? pourquoi ? s'écria le pauvre amoureux en se tordant les mains.

– Parce que Dieu ne le veut pas ! fit solennellement la jeune fille.

Le malheureux pencha son front sur ses genoux, pendant que celle qu'il avait nommée Ellen ajoutait sur un ton plus enjoué :

– Voyons, voyons, mon ami, chassez ces vilains papillons noirs, souriez-moi, dites-moi des vers, de jolis vers... Allons, plus de tristesse, ou je vous gronde !... Tenez, écoutez ! en voici un beaucoup plus sévère que moi... Vous avez entendu ?

– Qui ? cet oiseau ?

– Oui ; n'a-t-il pas dit : *Whip, poor Will ?* C'est un avertissement. Vous vous appelez Guillaume, en anglais, William, en américain Will. N'est-ce pas cela ? fit la jeune fille en feignant une gaieté qu'elle n'avait pas dans le cœur.

Et, pour achever de détourner le cours de la conversation, Miss Ellen Fairfield se mit à faire une petite dissertation ornithologique à Guillaume des Isles, qui l'écoutait plutôt en buvant le son de la voix qu'en prêtant attention au sens des paroles.

– C'est peut-être la première fois que vous entendez cet oiseau, dit-elle. C'est une espèce d'engoulevent particulier à l'Amérique. Il est assez rare dans cette partie du pays ; mais chez nous, en Virginie, il pullule à cette saison. Son nom lui vient des trois notes aiguës qu'il lance ainsi dans les nuits calmes, et auxquelles les imaginations populaires ont adapté les trois monosyllabes *Whip poor Will*, qu'il articule assez distinctivement, du reste, comme vous avez pu le remarquer.

À cet instant, les trois notes mélancoliques se firent entendre de nouveau sous la feuillée sombre :

– *Whip poor Will !*

Un sourire amer passa sur les lèvres du jeune homme.

– Le pauvre oiseau ne sait pas très bien l'anglais, dit-il. Il commet une faute de prononciation dont vous m'avez corrigé vous-même. Ce n'est pas *Whip poor Will* qu'il veut dire, c'est *Weep, poor Will !*

– *Poor Will !* soupira Ellen comme un écho, en passant doucement sa main sur la joue de son ami.

Celui-ci saisit la petite main dans les siennes, et la couvrit de baisers fous, pendant que deux grosses larmes où tremblait toute son âme coulaient silencieusement de ses yeux, et que l'oiseau des tropiques, sous son abri de feuillage, jetait à la lune ses trois notes mystérieuses :

– *Weep, poor Will !*

Pleure, pauvre Guillaume !

* * *

Guillaume des Isles était né à Montréal, d'une ancienne famille française. Il avait fait de brillantes études, et venait d'obtenir son diplôme de médecin, lorsque sa mère mourut. Il en fut inconsolable. Pour surcroît, son père, jeune encore, se remaria au bout d'un an, ce qui acheva de briser les liens qui retenaient le fils à la famille et au foyer.

Quelque temps après, le cœur déchiré par un de ces amours néfastes qui empoisonnent quelquefois toute une vie, le jeune médecin allait se laisser aller au découragement et se renfrogner pour toujours dans le morne accablement de ses illusions détruites, lorsque se déclara la guerre dite de Sécession – guerre longue et meurtrière qui changea bientôt les États-Unis en un vaste camp où venaient s'enrôler par milliers les désœuvrés ou les désenchantés de toutes les parties du monde.

La cause du Nord, où l'on combattait pour l'abolition de l'esclavage, avait les sympathies de tous les amis du progrès et de la civilisation. Guillaume des Isles dit adieu à son pays, traversa la frontière, et, laissant derrière lui, enveloppés dans le même suaire, tous ses rêves d'avenir et ses espoirs de jeunesse, alla prendre du service dans l'armée du général Banks, sans autre ambition que celle de donner sa vie, inutile désormais, au bénéfice d'un principe sacré.

Ses connaissances chirurgicales le favorisèrent, et il venait d'atteindre le grade de chirurgien-major, lorsque la prise de Richmond mit fin à la terrible guerre civile, qui avait lavé dans le sang la tache honteuse que la plus vaillante des démocraties modernes avait héritée de l'antique barbarie.

Le major des Isles, devenu tout à fait Américain, s'était alors dirigé vers Chicago, la ville de progrès par excellence, et y avait ouvert une étude de médecin, pour recommencer une vie nouvelle.

Le temps avait fait son œuvre : les chagrins du pauvre garçon s'étaient apaisés ; mais la gaieté n'était pas revenue. Il ne regrettait plus la femme sans cœur qui l'avait trahi, mais – c'est à ce prix que s'achète l'expérience – l'orage semblait avoir flétri pour toujours la fleur de ses croyances naïves. Il n'avait pas encore trente ans, et se croyait incapable de jamais aimer.

Un de ses camarades de régiment, jeune officier riche et distingué, habitait Chicago avec sa famille, qui tenait le haut du pavé dans l'un des quartiers les plus *select*. Des Isles n'aimait guère le monde, mais il n'avait pu refuser l'invitation d'entrer en relation sociale avec les parents de son ami. Il rencontra chez eux un cercle d'élite, où, beau cavalier, de port et de manières aristocratiques, parlant un anglais très pur, quoique avec un léger accent étranger – ce qui ajoutait, disait-on, une grâce de plus à son langage – il devint bientôt un favori.

On le savait instruit, de bonne maison, de mœurs irréprochables ; on savait qu'il avait glorieusement fait son devoir de soldat pour une cause qui n'était pas la sienne ; il n'en fallait pas plus pour créer un vif intérêt autour de sa personne, et cela le réconciliait petit à petit avec le monde, en lui ouvrant le cœur à des impressions nouvelles.

Un soir, une jeune fille d'une rare beauté, à qui il venait d'être présenté, lui adressa la parole :

– Vous êtes Français, docteur ?

– Oui, mademoiselle.

– Notre pays doit beaucoup à la France, monsieur, et c'est toujours une aubaine pour les vrais Américains que d'avoir l'occasion de manifester leurs sympathies à des Français.

– J'en suis charmé, mademoiselle, mais je regrette de n'avoir que peu de droit à ces sympathies. Je ne suis Français que de race, étant né au Canada.

– Vous êtes Canadien ? Vous devez connaître Montréal alors.

– C'est ma ville natale, mademoiselle ; la connaîtriez-vous aussi ?

– Mais sans doute... Comme cela se trouve !... J'y ai passé un an, à étudier le français chez un pasteur qui avait connu ma famille en Virginie.

– Ah ! vous êtes sudiste, dans ce cas...

– De naissance, monsieur, de naissance seulement. Ce sont les opinions de mon père qui nous ont forcés d'émigrer. Et si nous avons de la reconnaissance envers les Français de l'ancien monde qui ont aidé notre pays à conquérir son indépendance, nous aimons aussi les héros qui sont venus nous prêter l'appui de leur courage dans la terrible crise que nous venons de traverser – surtout quand c'est encore le sang français qui coule dans leurs veines ! ajouta la jeune fille dans un élan d'enthousiasme.

Notre ami écoutait, avec une émotion visible, cette voix harmonieuse qui lui parlait avec tant de chaleur de la France, de son pays natal, de la noble cause qu'il avait embrassée ; et, à mesure que la conversation se prolongeait, il se sentait envahir par un sentiment plus tendre qu'il ne se serait cru capable d'en éprouver.

– De sorte que, dit-il, vous devez parler le français,

mademoiselle...

– Oh ! assez difficilement, monsieur, je n'ai guère l'occasion de le cultiver ici, vous comprenez. Très peu de livres, point de journaux...

– Mais j'en ai, moi, des livres et des journaux français, Miss Fairfield ! s'empressa d'interrompre l'ancien officier ; et si vous me permettiez...

– C'est trop de bonté vraiment, monsieur des Isles.

– Et nous parlerons français ensemble quelquefois, voulez-vous ?

– J'en serai bien heureuse, monsieur.

Et les deux interlocuteurs échangèrent inconsciemment un de ces regards qui, s'ils ne décident point de toute une vie, laissent au moins une impression souvent ineffaçable.

* * *

On conçoit qu'après une conversation comme celle que nous venons de rapporter, un courant de sympathie profonde s'établit de suite entre les deux nouvelles connaissances.

Miss Ellen Fairfield paraissait avoir vingt-cinq ans au plus. Nous avons dit qu'elle était belle ; c'était – ce qui vaut mieux encore – une créature exquise. Elle était instruite, d'un jugement solide, d'une distinction suprême, d'une délicatesse de sentiments qui perçait dans toutes ses paroles et dans tous ses actes, – avec juste ce léger grain de romanesque qui fait vibrer l'âme sans altérer le sens pratique de l'esprit.

Entre deux caractères si bien faits pour s'entendre, les relations sociales ne pouvaient manquer de se transformer bientôt en relations intimes. L'estime mutuelle devait engendrer l'amitié ; celle-ci devait amener les confidences du cœur ; et quand deux cœurs s'ouvrent l'un à l'autre, l'amour ne tarde guère à se glisser entre les deux.

Une coïncidence y aida. De même que Guillaume des Isles, Miss Fairfield avait eu, elle aussi, ses désenchantements et sa blessure au cœur. Elle avait aimé de toute son âme un jeune planteur de la Virginie engagé par traditions de famille dans le parti de la sécession. Les troubles politiques qui avaient entraîné l'émigration de la famille Fairfield, et qui finalement devait dégénérer en une gigantesque lutte fratricide, avait d'abord creusé un abîme entre les deux fiancés. Puis, une décharge d'artillerie meurtrière – oh ! les guerres civiles ! – en fauchant l'un dans sa fleur, avait brisé le cœur de l'autre, et enseveli tout espoir de réconciliation dans les tranchées ensanglantées de Gettysburgh.

Les confidences avait été mutuelles, naturellement. Tous deux avaient aimé, tous deux avaient dû dire adieu à leurs souvenirs d'enfance, en même temps qu'à leurs rêves de jeunesse : cette quasi-similitude de destinée en fit bientôt deux inséparables.

Tendresse toute fraternelle d'abord, mais qui ne tarda pas, à mesure que s'oblitéraient les cuisants regrets du passé, à provoquer l'échange des deux âmes. Il se fit presque à leur insu, dans un de ces moments d'expansion dont l'impression délicieuse suit l'homme à travers la vie, comme les parfums pénétrants qui embaument l'atmosphère longtemps après que s'est fanée la fleur qui les a produits.

Ce ne fut d'abord, entre les deux amoureux, qu'un vague abandon des cœurs, sans but précis, sans projet arrêté – entraînement pour ainsi dire inconscient, sans calcul comme sans hésitation. Ivresse des âmes où les sens ne sont pour rien, où les préoccupations de l'avenir ne comptent pas, où le côté pratique de l'existence disparaît dans le rayonnement d'un bonheur d'autant plus irréfléchi qu'il était plus inattendu !

Ils s'aimaient pour s'aimer, sans se demander ce qui les attendait au bout de leur sentier fleuri.

Guillaume s'éveilla le premier de ce rêve enchanteur, et parla mariage. À son grand étonnement, la jeune fille parut surprise ; puis, avec un regard attendri, et une infinie tristesse dans la voix :

– Ne parlons point de l'avenir, dit-elle ; jouissons du bonheur présent, cela vaut mieux.

Le jeune homme n'insista pas ; mais, s'il ne parla plus d'avenir, il ne se fit pas faute d'y penser. Il redoubla d'efforts et d'ambition ; et le succès, ami du travail opiniâtre et assidu, couronna largement son activité. En deux ans, il tripla sa clientèle, conquit une enviable position parmi ses confrères de la faculté ; bref, c'était la fortune qui lui souriait. Et maintenant, se dit-il, je crois avoir le droit de parler d'avenir !

Malheureusement, celle qu'il aimait n'avait pas changé d'avis.

– Restons amis, dit-elle, voulez-vous ? Amis, cela me semble si doux ; amis, cela veut tout dire ! Que faut-il de plus pour remplir le cœur ?

– Mais, reprenait le brave garçon, je ne suis pas voué à un célibat perpétuel ; je ne puis renoncer de gaieté d'âme au bonheur de la famille... Ni vous non plus, du reste... et nos relations...

– Peuvent écarter d'autres prétendants... C'est ce que vous voulez dire, n'est-ce pas ? Oh ! soyez tranquille pour ce qui me regarde ; notre amitié m'est mille fois plus précieuse que toutes les chances d'avenir que je pourrais rêver. Quant à vous, vous êtes jeune, vous avez devant vous de brillantes perspectives : une autre femme fera mieux votre bonheur que moi.

En présence d'un si étrange parti pris, le pauvre Guillaume ne savait que penser. Il attendit encore ; il attendit un an.

Un dimanche – c'est à cette circonstance qu'il est fait allusion au premier chapitre de cette singulière histoire – il se présenta suivant sa coutume chez son amie ; il portait un crêpe à son chapeau.

– Ellen, dit-il, avec une émotion qui faisait trembler sa voix, mon père vient de mourir ; je suis son seul héritier ; vous ne refuserez plus d'être ma femme, n'est-ce pas ?

Miss Fairfield leva sur le jeune médecin ses grands yeux attendris.

– Mon cher ami, dit-elle, auriez-vous pu croire que je refusais votre nom pour des motifs intéressés ? Ce serait me faire injure !

Abrégeons.

Ce soir-là, quand Guillaume des Isles prit congé de son amie, en lui baisant respectueusement la main suivant son habitude, une décision inébranlable était entrée dans son esprit.

Nous avons assisté à l'entrevue qui suivit. Cette entrevue était un adieu déguisé. Toute la semaine durant, le jeune homme avait fait ses préparatifs comme pour un long voyage. Le lendemain, après avoir écrit une lettre délirante à celle dont l'affection avait doré ses jours d'exil, il reprenait le chemin de son pays, pour s'en aller vieillir seul et désolé sous le vieux toit paternel, à jamais désert pour lui maintenant.

La voix de l'oiseau nocturne avait été :

– *Weep, poor Will !*

* * *

De longues années se sont écoulées.

La belle Ellen Fairfield est retournée en Virginie après le retour de Guillaume des Isles au Canada.

Au mois de juin de l'année dernière, celui-ci reçut une lettre de faire-part bordée de noir, et qui portait le timbre de Richmond. Il l'ouvrit tout tremblant.

Cette lettre en contenait une autre ; et notre vieil ami faillit tomber à la renverse en reconnaissant la chère écriture qui avait tracé la suscription.

Voici ce qu'il lut à travers ses larmes :

« Cher ami,

« Mes jours sont comptés, mais je ne veux pas mourir sans

vous avoir demandé pardon. Vous m'avez peut-être crue fausse ou frivole : détrompez-vous. On ne ment pas, à l'heure où j'en suis, et je tiens à vous répéter une dernière fois les paroles que je vous ai dites, sur un des bancs de l'Union Park de Chicago, la dernière fois que nous avons causé ensemble : « Vous seul avez possédé mon cœur tout entier ! »

« Par malheur, un obstacle s'opposait à notre union : vous me croyiez plus jeune que vous, quand, au contraire, j'étais votre aînée de quatre ans. Si je ne vous en ai pas fait l'aveu dans le temps, la coquetterie n'y était pour rien, croyez-moi. C'est parce que j'étais sûre que vous insisteriez quand même. Et lorsque vous me demandiez de partager votre vie, je vous voyais dans l'avenir, à quarante-cinq ans, dans toute la force et l'éclat de l'âge viril, et moi suspendue à votre bras, vieille femme ridée, blanchie, frisant la cinquantaine ! j'ai voulu vous épargner cette tristesse : vous me pardonnerez, n'est-ce pas ?

« Ne pleurez point, nous avons eu notre part de bonheur dans la vie. Nous nous retrouverons dans un monde où l'on ne vieillit pas. Adieu ! »

« Ellen. »

Huit jours plus tard, à la tombée de la nuit, un vieillard, qui semblait cassé avant l'âge, était agenouillé sur une tombe, dans un des cimetières de l'ancienne capitale virginienne.

Cette tombe, c'était celle d'Ellen Fairfield.

Ce vieillard, c'était l'ex-officier de l'armée du Nord, l'ancien médecin de Chicago, Guillaume des Isles.

Tout à coup, une voix qu'il n'avait pas oubliée retentit dans le feuillage :

– *Weep, poor Will !*

Le vieillard cacha sa tête blanche dans ses mains, et fondit en larmes.

Droit au cœur

Ceci est une histoire vraie. On peut trouver, consigné dans les journaux du temps, le dénouement du drame qui eut lieu à Québec vers 1862 ou 1863, et fit grande sensation dans les cercles aristocratiques de la ville. Nous n'avons modifié ou dissimulé que juste ce qu'il fallait pour masquer l'identité des acteurs.

C'était un charmant et brave garçon qu'Auguste Morier. Intelligence d'élite, nature généreuse au possible : une de ces organisations vibrantes, toute de sensibilité et de tendresse, qu'une nervosité pour ainsi dire maladive pousse vers toutes les exagérations du sentiment, soit dans la joie, soit dans la peine.

Nous nous étions liés au collège, et je fus peut-être son dernier confident.

Tout le monde sait un peu comment se forment ces amours de première jeunesse que trop de parents ont le tort de traiter à la légère, et de laisser grandir inconsidérément pour le malheur de pauvres enfants sans expérience, et quelquefois pour le regret éternel de ceux à qui leur bonheur avait été confié.

Auguste Morier avait un de ces amours au cœur. Amour profond, sans bornes, né à l'aurore de sa jeunesse, et qui devait effeuiller une à une toutes ses illusions, et finalement lui donner le coup mortel.

Pauline Frémont, sans être d'une beauté classique, avait dans le timbre de sa voix, dans la grâce du sourire et dans l'expression câline du regard, un charme subtil encore plus captivant peut-être que cette perfection des traits qui fait les beautés célèbres. Auguste l'adorait comme son Dieu et la vénérait comme une madone.

De son côté, outre une intelligence qui lui valait des succès exceptionnels dans ses études, le jeune homme possédait d'autres qualités bien précieuses aux yeux d'une fille d'Ève :

belle tête, taille avantageuse, port gracieux, manières distinguées ; et tout cela embelli par une grande douceur de caractère. Il ne lui en fallait pas plus pour être aimé, et il le fut sincèrement, quoique d'un amour un peu moins désintéressé que le sien.

Quand elle était aveuglement chérie, sans calcul, sans arrière-pensée, avec le dévouement absolu d'un cœur prêt à sacrifier avec joie tout ce que la vie peut avoir d'ambitieuses promesses, il se mêlait à son amour, à elle, beaucoup de cet égoïsme, bien naturel après tout – et souvent inconscient – qui cherche surtout dans l'être aimé, le mot de la grande énigme pratique de l'existence.

Elle n'ignorait pas la profondeur du sentiment qu'elle avait inspiré ; mais, du même âge que son ami, elle était – les femmes le sont toujours, dans ces conditions – plus avancée que lui dans les choses de la vie. Son instinct féminin ne tournait plus vers les chimères. Ce qu'il y avait au fond de son amour, c'était moins la conscience du bonheur qu'elle pouvait donner que la pensée de celui qu'elle pouvait recevoir. En d'autres termes, elle voyait moins dans Auguste Morier l'homme de cœur qui l'adorerait toute sa vie, que l'homme de talent qui lui assurerait un avenir enviable.

Il faut bien ajouter à cela que la famille du jeune homme avait une certaine fortune, et que, sans compter sur un héritage bien considérable, il pouvait au moins s'attendre à ce que les débuts de sa carrière fussent plus ou moins favorisés par les avantages d'une aisance relative. Lui ne s'inquiétait en rien de tout cela ; mais elle y songeait, sans trop s'en rendre compte, il est vrai ; et – la plus sage des deux sans doute – quand le jeune amoureux, au sortir du collège, entra dans la vie comme on entre dans un rêve, elle supputait déjà les chances d'avenir qu'il pouvait avoir en perspective.

Mais pour l'un comme pour l'autre bien des désillusions les attendaient sur le seuil de la porte.

Auguste Morier avait jusque-là songé à embrasser une profession libérale ; mais la fatalité devait modifier ses projets.

Son père – ai-je dit que la famille habitait la campagne ? – mourut subitement et, grâce à une série de malheureuses spéculations, il laissait sa famille à peu près ruinée, et dans l'impossibilité de pourvoir aux dépenses du jeune homme durant son stage universitaire.

Adieu les plans d'avenir, la vie indépendante de l'étudiant, la toge de l'avocat et du médecin, les espérances de clientèle et de professorat. Il fallait à notre jeune ami – et tout de suite – trouver le moyen d'utiliser son travail pour aider à sa vieille mère tout en pourvoyant à ses propres besoins.

Pour la première fois, il se trouvait en face des froides nécessités de l'existence, et ouvrait les yeux à cette cruelle vérité que la vie n'est ni un roman ni une idylle où l'amour et la poésie tiennent la première place. Aussi ne fut-il pas long à comprendre que l'aphorisme « une chaumière et son cœur » n'avait plus guère cours dans les conditions actuelles de notre société.

À quel saint se vouer, il ne le savait guère. Trop peu débrouillard pour trouver le fil d'Ariane qui pouvait le conduire à travers le dédale des difficultés amoncelées devant lui, il allait tomber dans le découragement, lorsqu'un ami de son père vint à la rescousse en lui obtenant une petite situation de commis dans une banque, à Québec.

Ce n'était à vrai dire que le pain quotidien ; mais – nous l'avons fait comprendre – Auguste Morier vivait plus dans les nuages que sur la terre, et le voilà encore à chevaucher éperdument sur le pégase de son imagination.

Après tout, la carrière de banquier était honorable et lucrative. S'il n'y trouvait pas les succès retentissants du parquet ni des chaires universitaires, il pouvait y faire fortune ; Pauline l'aimait assez pour être heureuse à moins. Son traitement était peu élevé, mais Paris ne s'est pas construit en un jour ; il y avait commencement à tout ; on n'avait qu'à laisser faire le temps. Du reste, n'y a-t-il pas un dieu pour les amoureux ? Et Pauline était là pour l'aider de ses encouragements.

En somme, la perspective était encore belle, et rien ne faisait prévoir l'effondrement des espérances qui paraissaient on ne peut plus légitimes.

Hélas ! cela ne devait pas durer. Après quelques mois d'un travail pénible et ardu, le pauvre jeune homme s'aperçut que les aptitudes indispensables pour réussir dans sa nouvelle carrière lui manquaient totalement. Malgré toute son assiduité et sa bonne volonté, les difficultés de sa tâche quotidienne, au lieu de s'aplanir avec le temps, semblaient au contraire s'aggraver et se multiplier. Il sentait que ses patrons, s'ils le toléraient toujours et lui montraient encore de la bienveillance, avaient de moins en moins confiance en son habileté, et désespéraient d'en faire jamais un comptable de profession.

* * *

Bref, au bout d'un an de cette vie cruelle et décourageante, il avait perdu tout espoir d'avancement ; et, s'il eût pu découvrir ailleurs, il n'eût pas hésité à chercher sa vie dans une sphère plus en rapport avec la nature de ses talents.

Mais que faire, en dehors des professions libérales, avec les quelques connaissances littéraires et le léger bagage de grec et de latin qu'on apporte avec soi en sortant du collège. Il tâta du journalisme. Quelques articles assez bien tournés lui valurent l'offre d'un traitement mensuel de moitié inférieur à celui qu'il recevait à la banque !

Il songea à s'expatrier à tous hasards ; mais Pauline était là. Son propre bonheur, à lui, il l'aurait volontiers sacrifié ; mais comment briser le cœur de Pauline ?

Le pauvre naïf ! il était loin de s'imaginer qu'on songeait à démontrer une fois de plus – à ses dépens – que les malheureux ont toujours tort, même auprès de ceux qui font profession de les aimer.

Les deux amoureux continuaient à se voir presque tous les jours, cependant. Je l'ai dit, Pauline était jolie ; elle appartenait à une famille qui, sans être précisément riche, était avantageusement alliée et entretenait les meilleures relations sociales. Elle était donc très recherchée, et bon nombre de personnes s'étonnaient de ce que, dans sa position et à son âge – elle avait maintenant vingt-deux ans – elle attachât ainsi ouvertement son sort à celui d'un jeune homme, qui avait bien quelques avantages personnels, il est vrai, mais qui était absolument sans fortune et sans avenir.

On en glosait, on en faisait la remarque aux parents, qui eux-mêmes déploraient aujourd'hui ce qu'ils avaient permis et même encouragé jusque-là.

Il en résultait des observations, des réflexions, trop judicieuses pour ne pas déconcerter la jeune fille. Elle aimait toujours Auguste ; mais elle ne pouvait fermer les yeux à l'évidence des faits ; et comme elle n'avait pas assez d'énergie de caractère pour s'arc-bouter contre l'opinion de tous ceux qui l'entouraient, la situation devenait de plus en plus tendue.

Les deux amoureux eux-mêmes en ressentaient les effets malgré eux. Quand ils se rencontraient – et c'était le plus souvent à la dérobée maintenant – ils se manifestaient mutuellement la même tendresse, mais ce n'était plus avec le même abandon qu'autrefois.

En plus d'une occasion il y avait eu entre eux de légers froissements. Pauline, qui jusque-là s'était abandonnée aux vagues espérances d'un simple amour partagé commençait à parler sérieusement du mariage, et laissait percer une impatience qui mettait le pauvre Auguste au désespoir. Il se sentait devenir un fardeau, et de chacune de ces promenades, soit sur les remparts ou sur la terrasse Durham – deux des sites les plus merveilleux du monde – il revenait les yeux rougis et le cœur bourrelé, veule, accablé, abattu, se rongeant les poings dans la rage de son impuissance.

Et nulle perspective devant lui ! Pas une planche de salut à laquelle rattacher ses chères espérances, qu'il voyait sombrer une à une dans le naufrage de ses illusions. Après deux ans d'efforts, il se trouvait encore au même point, avec cette seule différence qu'il avait désormais la conscience bien arrêtée de son insuccès définitif. Dans dix ans il ne serait pas plus avancé.

Pourtant, s'il souffrait, c'était surtout pour Pauline, qui lui confiait maintenant les mille et une tracasseries auxquelles elle était en butte.

– Séparons-nous, disait le pauvre Auguste avec un sanglot sur les lèvres, et sois heureuse sans moi.

– Tu ne m'aimes plus ! répondait Pauline, qui instinctivement aurait voulu rejeter sur son ami la responsabilité d'une rupture.

Puis arriva l'heure des récriminations, des légers reproches, des allusions d'autant plus amères qu'elles étaient plus voilées. La vie du pauvre Auguste devenait un martyre continuel qui le rendait encore plus impropre à son travail journalier.

Tout s'embrouillait dans son esprit ; les distractions succédaient aux distractions, les erreurs aux erreurs ; et le pauvre malheureux voyait venir avec effarement le jour où l'administration de la banque lui signifierait son congé.

Il marchait pour ainsi dire à tâtons dans la vie, n'ayant devant lui qu'une lueur : l'amour de Pauline. Il suivait cette lueur avec une confiance aveugle ; la seule pensée qu'elle pouvait s'éteindre un jour lui semblait un sacrilège. Pauline renoncer à lui, le renier, l'abandonner, cela lui semblait la plus monstrueuse des impossibilités.

La déception devait être fatale.

Un jour, après les heures de bureau, un domestique vint le prévenir qu'un monsieur bien mis le mandait au salon du petit hôtel où il logeait. Sa stupéfaction fut grande en reconnaissant le père de Pauline, M. Frémont, qu'il n'avait pas rencontré depuis des semaines.

Que signifait cette démarche ?

Le jeune homme se présentait tout interloqué, lorsque sur le ton de la plus bienveillante courtoisie, le visiteur lui adressa la parole :

– Vous êtes surpris de ma visite, monsieur, mais remettez-vous, c'est la visite d'un ami.

– Croyez que j'en suis heureux et bien honoré, monsieur, repartit le jeune homme.

– Connaissez-vous, reprit le père de Pauline, le roman d'Alexandre Dumas, fils, intitulé « La Dame aux Camélias » ?

– Oui, monsieur, mais...

– Ce roman qu'on a dramatisé et qui a tant de succès en ce moment sur la scène de Paris ?

– Très bien, monsieur, mais en quoi ?...

– Vous vous rappelez sans doute la scène touchante entre le père d'Armand Duval et Marguerite Gauthier ?

– Parfaitement.

– Eh bien, mon jeune ami, c'est un sentiment analogue à celui du père d'Armand Duval qui m'amène en ce moment auprès de vous. Je viens vous demander le bonheur de ma fille.

– Je ne vous comprends pas.

– Rappelez-vous bien la scène, monsieur. C'est identiquement la même, avec cette différence que ce n'est plus un vieillard désolé inclinant sa douleur de père devant une courtisane, mais un ami, qui aurait été heureux de vous appeler son fils, et qui vient demander à votre générosité une séparation devenue nécessaire au bonheur de son enfant.

– Cette séparation, je l'ai déjà offerte, monsieur.

– Je le sais, mais Pauline est la loyauté même, comme vous savez, et elle vous aime trop pour jamais consentir... M'avez-vous compris ?...

– Ah ! monsieur ! s'écria le malheureux en s'affaissant sur un fauteuil, la gorge pleine de sanglots étouffés, que me demandez-vous ?

– Quelque chose d'héroïque, je le sais ; je vous demande votre bonheur en échange du bonheur de celle que vous aimez.

Auguste se leva machinalement, jeta un regard égaré autour de lui, tendit une main fébrile à son interlocuteur ; et c'est à peine si celui-ci l'entendit murmurer :

– Allez, monsieur, il sera fait comme vous le désirez, et que Dieu nous pardonne à tous deux.

* * *

Le soir, il y avait bal à la « Salle de Musique », le bal du club Stadacona. On était au lendemain de Pâques, et pour se « décarêmer », comme on dit, le tout Québec de la haute s'était donné rendez-vous à cette réunion fashionable par excellence.

Onze heures venaient de sonner ; un brillant orchestre emplissait la salle de sa joyeuse harmonie ; des spirales de danseurs tourbillonnaient, rieuses et charmantes, sous l'averse lumineuse des lustres ; une atmosphère parfumée flottait du parquet au plafond de la vaste enceinte ; les toilettes étincelaient ; tout semblait respirer la joie de vivre dans un envol de jeunesse et de gaieté.

Auguste Morier venait d'entrer, élégant comme toujours, mais pâle et le sourire amer, cherchant des yeux Pauline Frémont.

Il l'aperçut qui valsait au bras d'un jeune homme de ses connaissances. Il attendit.

Quand elle eut repris sa place, son éventail à la main, il s'approcha d'elle avec gravité, lui offrit son bras et l'entraîna à l'écart.

– Pauline, dit-il, avec un léger tremblement dans la voix, je vous ai vue danser tout à l'heure avec ce jeune homme.

– Eh bien ?

– Je n'aime pas que vous dansiez avec lui.

– Comment ! est-ce vous qui me parlez ainsi, Auguste ?

– Oui, moi ! et veuillez croire que c'est sérieusement.

– Allons donc, deviendriez-vous jaloux par hasard ? Il ne manquerait plus que cela.

Y avait-il une intention maligne dans cette partie de la phrase ? Non peut-être ; mais Auguste crut y démêler quelque chose de froissant. Il se sentit le cœur serré comme dans un étau, et devint cruel :

– Jaloux ! dit-il, j'en ai peut-être le droit. En tout cas, je vous défends de jamais danser avec ce jeune homme, entendez-vous ?

– Ah ! mais, c'est intolérable, s'écria la jeune fille ; que veut dire cette chicane d'Allemand ? Je ne vous reconnais plus. Ce jeune homme m'a invitée pour la prochaine mazurka ; j'ai accepté son invitation, et vous n'avez rien à y voir que je sache.

– Pauline, prenez garde ! fit Auguste Morier, moitié surpris, moitié menaçant.

La jeune fille le toisa, révoltée.

En ce moment l'orchestre faisait entendre les premières notes d'une mazurka en vogue. Pauline regardait son fiancé en face.

– Au moins attendez, lui décocha-t-elle comme une flèche de Parthe, que vous soyez mon mari pour me tyranniser de la sorte.

Et, froidement hautaine, elle prit le bras du cavalier venu pour réclamer la mazurka promise.

Cette allusion cuisante à leur mariage indéfiniment retardé frappa le malheureux Auguste comme un coup de poignard en pleine poitrine. Il oublia qu'il avait accepté une mission d'abnégation presque surhumaine. Il prit son rôle au tragique ; et pâle comme un spectre, il regarda s'éloigner celle qu'il aimait tant, avec le regard implacable d'un justicier. La vie lui était trop mauvaise, à la fin, il se sentait devenir méchant à son tour.

Pauline ne fit qu'un tour de ronde au bras de son danseur. En passant près d'Auguste, elle lui jeta un coup d'œil, et le vit si hagard, si livide qu'elle en eût pitié. Après un mot d'excuse à son danseur, elle retourna à son amoureux, et lui prenant la main :

– Auguste, dit-elle, toute tremblante, pardonne-moi, j'ai eu tort.

Auguste Morier ne répondit pas. Il prit cette main qui pressait la sienne ; et rapidement, avec dextérité, sans un regard, sans un mot, il fit glisser du doigt de la jeune fille l'anneau de fiançailles qu'il lui avait donné jadis, oh ! une bien modeste petite bague, qui roula en fragments sur le parquet, brisée sous la pression nerveuse d'Auguste dont l'émotion décuplait la force.

– Auguste ! Auguste ! que fais-tu là ? s'écria Pauline, hors d'elle-même.

– Vous êtes libre, mademoiselle Frémont, répondit Auguste, et moi aussi ; adieu !

Et l'infortuné s'élança dans l'escalier qui conduisait au vestiaire.

Un instant après, un bruit de voix et de piétinements se faisait entendre dans cette direction.

– Qu'est-ce donc ? fit quelqu'un.

– Oh ! peu de chose, un jeune homme qu'on emporte ; un simple évanouissement.

Pauline avait disparu.

* * *

Il existe, dans les environs de Québec, si pittoresques en général, un endroit tout particulièrement attrayant par son étrange aspect et sa sauvage beauté. Cet endroit, aimé des peintres et recherché par les touristes, se nomme dans le langage du pays les « Marches Naturelles ».

Il est situé sur les bords de la rivière Montmorency, à quelques arpents au-dessus de la cataracte célèbre du même nom, une des plus belles de l'Amérique. Là, en plein bois et dans un encadrement de collines abruptes et solitaires, la rivière, resserrée et encaissée entre deux pans de roches verticales, se fait torrent, et roule, au galop, noire, tumultueuse et profonde, avec des clameurs vagues et de vertigineuses attirances.

Mais ce qui fait surtout l'étrangeté du lieu, ce sont les très curieuses assises des rochers environnants, qui s'étagent et se superposent par degrés avec une régularité qui fait songer à je ne sais quels vestiges de travaux cyclopéens, débris des civilisations disparues. Scène d'élégantes promenades, rendez-vous de radieuses réunions. Que d'éclats de gaieté, que de conversations pétillantes, que de chansons et de détonations joyeuses les échos de ces bois n'ont-ils pas répétés ! Que de serments d'amour même n'ont-ils pas été les discrets confidents !...

La saison printanière était revenue, et le pauvre Auguste Morier, après deux mois de fièvre et d'affaiblissement nerveux, était entré en pleine convalescence.

Je l'avais visité souvent durant sa maladie. Un jour je le trouvai en toilette de rue, son chapeau à la main.

– Tu sors ? lui demandais-je.

– Oui, il y a des dames de Montréal en visite ici ; on leur donne un pique-nique aux Marches Naturelles ; les amis ne m'ont pas oublié, et j'y vais.

– Tu as tort, tu vas te fatiguer.

– Je pars après les autres, et ne resterai là qu'un instant. Mais elle y sera, et je veux la revoir... Je veux la revoir ! répéta-t-il, la poitrine soulevée par un sanglot.

– Crois-moi, insistai-je, renonce à cette folie ; tu sais que le médecin te recommande d'éviter toute émotion.

– Au diable, le médecin ! je ne puis plus vivre ainsi ; si cela me tue, tant mieux, ce sera plus tôt fini.

Une voiture l'attendait à la porte ; je l'aidai à y monter, et il partit. Hélas ! je ne devais plus le revoir.

Des amis me racontèrent ce qui s'était passé.

En arrivant au lieu du pique-nique, Auguste Morier s'était dissimulé autant que possible pour voir sans être vu. Un groupe de jeunes filles qui ne l'avaient pas aperçu causaient tout près de lui, le nom de Pauline éveilla son attention, et, le cœur palpitant, il écouta :

– Pauline Frémont est toute joyeuse aujourd'hui, fit une voix.

– Dame, fit une autre, depuis qu'elle s'est débarrassée de son amoureux sans le sou, ce n'est plus la même.

– Débarrassée, dis-tu ? intervint une troisième interlocutrice ; c'est à savoir.

– Comment cela ?

– Il paraît que c'est lui au contaire qui l'a plantée là, comme on dit.

– C'est-à-dire qu'il le croit ; mais je sais pertinemment que c'est elle qui a fort habilement provoqué la scène du Music-Hall.

– Vraiment ?

– Demande-le-lui à elle-même, car la voici.

Pauline, qui avait entendu les dernières paroles s'approcha :

– Oui, dit-elle, pour ne faire trop de peine au pauvre garçon, j'ai voulu que la rupture vint de sa part, et c'est mon père qui, à ma suggestion, s'est chargé d'arranger l'affaire. Nous avions pris la scène dans un roman.

Un gémissement se fit entendre, et Auguste Morier passa comme un fantôme devant le groupe de jeunes filles rieuses. Il marchait presque sans regarder à ses pieds, comme un automate. Il descendit lentement les larges degrés de pierre, atteignit le bord du torrent ; et, sans jeter un regard en arrière, il s'élança...

Au loin grondait la cataracte.

* * *

Je rencontrai Pauline Frémont bon nombre d'années plus tard, à Aix-les-Bains, en Savoie, où elle faisait une cure d'eau en compagnie de son père devenu septuagénaire. Elle était en costume de veuve.

– Vous étiez l'ami d'Auguste Morier n'est-ce pas ? me dit-elle.

– Oui, madame, répondis-je ; le pauvre garçon a bien souffert.

– Je le sais, ajouta-t-elle avec un soupir ; mais, prenez ma parole, il a été bien vengé.

Un jour de noce

Dans ma première larme elle noya son cœur.

LAMARTINE.

« Oh ! ma mère ; comme je suis heureuse aujourd'hui !... si vous saviez !... oh ! oui, bien heureuse ! laissez-moi vous embrasser... Encore, encore, pour toujours ! – Oh ! ma mère ! je vous aime tant ! et je suis si heureuse ! Il est si bon, mon Édouard, si généreux ! ses sentiments sont si élevés ! Il m'a promis de me rendre heureuse ; car il m'aime, vous le savez, et les lèvres d'Édouard ne peuvent proférer le mensonge. Sa voix est celle de la vérité que renferme son âme. »

« Mais il ne vient pas, et il passe huit heures... huit heures ! ô mon Dieu ! Entendez-vous ces cris ? voyez-vous ces hommes qui se précipitent le long de la rue ? Ils ont la colère sur la figure et des armes dans les mains... où vont-ils ? Et le tambour... entendez-vous les roulements du tambour ? Il bat le rappel... voyez encore ; voici un bataillon tout entier de la Garde-Mobile qui marche comme en patrouille. Ma mère ! approchez-vous de moi, j'ai peur ! »

Pauvre Théonie ! elle était bien triste et la pâleur du lys avait tout à coup remplacé la teinte rose de ses joues ; il y avait des pleurs dans ses yeux ; elle regardait toujours et interrogeait avec une impatience fiévreuse l'aiguille de l'horloge qui tournait toujours... et Édouard n'arrivait pas. À neuf heures moins un quart le bruit d'une voiture se fit entendre dans la rue. « Merci ! merci, mon Dieu ! s'écria Théonie ; c'est lui ! mon cœur me le dit ! » La voiture s'arrêta près de la porte. La voix de l'amour ne s'était pas trompée : Édouard parut. Il portait l'uniforme des Gardes Nationaux.

– Pardonnez-moi, Théonie, dit-il, si je vous ai fait attendre. Au jour des calamités publiques, le premier devoir d'un bon citoyen, c'est d'être à sa patrie. – Un grand malheur nous est arrivé.

– Mon Dieu ! que voulez-vous dire ?

– La guerre civile éclate, et l'on vient de lever l'étendard de la rébellion. On a construit une barricade à la barrière Saint-Denis, ce boulevard des insurrections parisiennes. Que Dieu conserve la France !

– Il la sauvera ! s'écria la mère de Théonie avec enthousiasme ; il la sauvera, n'est-elle pas la fille aînée de son église ?

– Il est neuf heures, reprit Édouard, l'autel est prêt ; le prêtre nous attend : allons !

Un moment après, les voitures roulaient rapidement vers l'église de la Magdeleine. C'était le 23 juin 1848, et ce jour-là, Édouard de Saint-Sylvain, jeune, riche, beau et doué des plus belles qualités devait unir son sort à celle d'une jeune fille récemment sortie d'une des pensions du Sacré-Cœur. À la vue des préparatifs de guerre que l'on faisait partout, Théonie devint pâle comme les lys qui ornaient son beau front. Édouard lui-même, malgré l'énergie de son caractère, ne put s'empêcher de détourner les yeux de dessus ces bandes d'insurgés qui demandaient à grands cris du pain ou des balles.

Au moment où le cortège s'arrêtait devant le portique de l'église, plusieurs pièces de canon s'avançaient en grande hâte le long des boulevards.

L'intérieur de la Magdeleine présentait en ce moment un sublime spectacle. Les confessionnaux étaient littéralement assiégés par une foule de gardes nationaux armés en guerre et impatients de se préparer comme des chrétiens, à la mort qu'ils allaient braver pour la défense de la loi et du bon ordre. Aussitôt que la grille du tribunal de réconciliation se fermait sur l'un d'eux, un autre se présentait instantanément en déposant son fusil près du confessionnal où il allait s'agenouiller. Tous étaient calmes et résignés, la crainte du danger s'évanouissait devant l'idée d'un grand devoir à remplir. Un prêtre en vêtement de deuil chantait les dernières prières des morts devant un cercueil placé au centre de la grande nef.

Non loin de là, aux fonds baptismaux, un enfant nouveau-né recevait l'eau de la régénération. Ainsi, par un contraste étrange, la tombe et le berceau se trouvaient en face l'un de l'autre. Les deux extrêmes de la vie humaine semblaient s'embrasser sous la main du prêtre levée pour bénir l'entrée de l'un et les adieux de l'autre. Ô mon Dieu ! quel sujet de réflexion pour un philosophe chrétien !

Édouard et Théonie se sont agenouillés pour recevoir la bénédiction nuptiale. Le prêtre les a bénis de la part de Dieu qu'il représente ; l'anneau d'or, emblème d'amour et de fidélité, glisse dans le doigt de la fiancée, et le jeune époux jure de l'aimer et de la protéger pendant toute sa vie. Tout est fini ; le mot sacramental est dit : unis pour toujours sur la terre, la mort seule peut les séparer pour les réunir de nouveau dans le ciel, si, fidèles aux divins préceptes, ils se rendent dignes de la couronne des élus.

La voiture les reconduisit à la demeure où Théonie avait laissé ses rêves de jeune fille. La fête des noces est remise à des jours meilleurs. Les conviés sont partis et la tempête populaire devient de plus en plus forte et de plus en plus menaçante. Les rues sont désertes, les magasins fermés, un silence de terreur règne partout.

« Édouard, mon amour ! dit Théonie en entrant dans sa nouvelle demeure, avez-vous remarqué comme l'autel était sombre, comme les flambeaux jetaient une pâle lueur ? Avez-vous entendu, d'un côté, un triste chant de mort, et de l'autre, les cris plaintifs d'un nouveau-né ? Il y avait un cercueil près de nous, Édouard, et tout près une jeune femme en habit de deuil, pleurant amèrement. « Est-ce un pressentiment ? me suis-je demandé, est-ce un mystérieux avertissement du ciel ? » Pourquoi détournez-vous la tête, mon Édouard ? Mon Édouard, regardez-moi. Oh ! dites-moi que vous ne me laisserez pas, car vous êtes tout à moi... tout à moi, aujourd'hui, demain, pour toujours. Vous ne voulez pas, vous ne devez pas me quitter, dis-je ; si vous le faites ils vous tueront certainement. » En parlant ainsi, elle entourait son époux de ses bras, comme un timide enfant suspendu au cou de sa mère.

Soudain un grand bruit retentit au loin du côté de la barrière Saint-Denis ; Édouard frémit et porta sa main à son front : « La lutte est commencée, dit-il, la patrie en danger appelle tous ses enfants à son aide ; je dois me rendre à son appel. Adieu, Théonie ! Adieu, ma mère ! Je vous confie l'une à l'autre, adieu ! » Mais les bras de Théonie étaient tellement liés autour de son cou que ce ne fut que par un violent effort qu'il parvint à s'en détacher.

– Théonie, mon amour ! écoutez-moi, dit-il, laissez-moi partir. Les tambours battent ; mes frères m'appellent ; je ne dois point laisser vide ma place dans les rangs de ma compagnie. Théonie, vous ne voudriez pas qu'on montrât du doigt votre époux en disant : « Voici un lâche ! » Vous ne voudriez pas que le nom que je vous ai donné ce matin fut un nom déshonoré : laissez-moi joindre mes compagnons d'armes ! – Théonie, baignée de larmes, la seule, hélas ! qui pût faire faiblir son courage et son patriotisme ; puis, ouvrant précipitamment la porte, il s'élança dans la rue.

À cette heure, Paris était encombré d'une extrémité à l'autre, de barricades, de ruines, d'armes en éclats, de cadavres, et par-dessus tout, la grande voix du tocsin appelait aux armes. Le tocsin bourdonnait comme une voix d'enfer sur la capitale de la France. Partout où la lutte avait commencé le sang coulait par torrent. Les insurgés commandés par des chefs habiles attaquaient avec une énergie et une bravoure digne d'une meilleure cause : d'un autre côté, la garde mobile et la garde nationale rivalisaient de courage et d'efforts.

Cependant la nouvelle épouse baignée de larmes était prosternée devant le crucifix auquel, jeune fille, elle avait tant de fois confié ses soucis passagers et ses peines légères comme un nuage d'été. Théonie priait avec ferveur pour son mari qui n'était pas encore de retour. Chaque coup de canon semblait la frapper au cœur, et pendant cette journée de noce qui lui parut un siècle, elle souffrit mille fois les tortures de la mort ; elle répandait des torrents de larmes, et elle appelait Édouard qui ne répondait point à sa voix. La tendresse d'une mère était cette fois sans pouvoir pour calmer les angoisses de la jeune épouse qui, se croyant déjà veuve, se précipitait à chaque instant à la fenêtre en poussant des cris de terreur : « Oh ! ne tuez pas mon Édouard, mon époux : il est si bon, et je l'aime tant ! »

Les ombres de la nuit s'étendaient sur la grande cité ; le canon avait cessé de gronder, mais le tocsin bourdonnait toujours. Le « qui va-là ? » des sentinelles avait remplacé le bruit de la mousqueterie. La mort, fatiguée de destruction, dormait dans le sang, à l'ombre des barricades, pour se réveiller le lendemain plus sombre et plus terrible.

Il était dix heures et demie et Théonie priait encore. Tout à coup elle s'affaissa sur elle-même, ses cheveux se dressèrent sur sa tête, sa raison se troubla : « Mon Dieu, mon Dieu ! s'écria-t-elle, ayez pitié de moi ». Et, se levant, elle se précipita vers la porte. Un bruit de pas se faisait entendre dans l'escalier : « Il vient, s'écria-t-elle, mais il n'est pas seul ; je ne reconnais pas ses pas. Mon Dieu, mon Dieu ! s'il est mort, faites que cette nuit soit aussi ma dernière ! »

Un moment après, la porte s'ouvrit et quatre hommes déposèrent en silence un brancard sur lequel reposait un cadavre. Édouard était tombé bravement à l'attaque des barricades du faubourg de la Poissonnière.

Lorsque Théonie revint de son évanouissement, le corps de son époux reposait dans une chambre voisine sur un lit qu'il ne devait quitter, hélas ! que pour se rendre à sa dernière demeure.

« Où est mon Édouard ? » dit-elle, en jetant des regards égarés.

Sa mère lui montra le ciel.

« Je ne demande pas où est mon âme : peut-elle être ailleurs que dans le ciel ? je veux savoir où l'on a déposé ses restes mortels. »

Sa mère ne lui fit aucune réponse, mais se plaça entre sa fille et la porte conduisant à la chambre voisine.

« Il est là ! s'écria Théonie, je veux le voir ! »

Sa mère s'approcha encore plus près de la porte.

– « Je vous dis que je veux le voir, vous ne m'en empêcherez pas, il m'appartient. »

– « Il n'appartient maintenant qu'à Dieu, mon enfant. »

– « Et à la terre, je le sais, ma mère ; mais je veux le voir encore : pour la dernière fois. »

« Oh ! ne craignez pas : je serai forte. » En présence d'une telle résolution, une plus longue résistance aurait été une cruauté ; et en outre, la mère de Théonie savait bien qu'une grande douleur peut parfois s'apaiser à la vue de l'objet qui en est la cause : « Bien ! viens mon enfant ! » dit-elle ; et ouvrant la fatale porte, elle conduisit Théonie auprès du corps sans vie de son époux. Édouard paraissait dormir. Son front était empreint de la céleste béatitude qui n'appartient qu'aux élus. Théonie, fondant en larmes, s'agenouilla au pied du lit. Sa mère, suivant son exemple, pleura longtemps en silence : elle savait aussi que les larmes sont embaumées pour les cœurs brisés.

Théonie ne laissa le corps de son époux qu'au moment des funérailles. Les obsèques furent pompeuses ; car la patrie reconnaissante, désirant honorer ses illustres défenseurs, en fit les frais. La douleur de cette jeune fille, devenue veuve le jour de ses noces, était indicible ; mais heureusement sa résignation à la volonté de Dieu était égale à son désespoir. Elle serait morte, si cette pieuse résignation, s'interposant entre elle et la tombe, n'avait soutenu sa force et son courage.

Pendant plus d'une année, Théonie fuyant les pompes et les plaisirs du monde joyeux auquel elle appartenait par sa naissance et par sa position sociale, s'enferma dans la solitude de sa demeure et pleura dans le silence de son cœur. Si parfois elle quittait sa retraite, c'était seulement pour aller prier sous les grands arbres qui ombrageaient la tombe de son époux, et attacher une fraîche guirlande de fleur à la croix qui protégeait son dernier sommeil.

Elle était jeune, riche et aimable. Plusieurs prétendants se présentèrent pour solliciter sa main ; mais, fidèle à la mémoire de son époux mort en combattant, elle refusa obstinément tous les avantages qu'on lui offrait. « J'ai promis, disait-elle, qu'aucun homme ne m'appelerait désormais sa femme : Dieu seul sera mon époux ! » Elle tint parole. Cinq ans plus tard, le jour anniversaire de la mort de son époux, elle prit le saint habit des religieuses de l'Hôpital.

Deux ans après, elle mourut martyre de la charité en servant les victimes du choléra à l'Hôpital de Constantinople, le jour anniversaire de ses noces.

La vie est pleine de dates mystérieuses.

Printed in Great Britain
by Amazon